MÉMOIRES
D'UN MÉDECIN

PAR ALEXANDRE DUMAS.

JOSEPH BALSAMO.

Deuxième Partie.

ANDRÉE DE TAVERNEY.

8

PARIS,
ALEXANDRE CADOT, ÉDITEUR,
32, rue de la Harpe.

1847

MÉMOIRES
D'UN MÉDECIN.

Corbeil, imp. de CRÉTÉ.

MÉMOIRES
D'UN MÉDECIN

PAR ALEXANDRE DUMAS.

JOSEPH BALSAMO.

Deuxième Partie.

ANDRÉE DE TAVERNEY.

8

PARIS,
ALEXANDRE CADOT, ÉDITEUR,
32, rue de la Harpe

1847

I

La double existence. — La veille.

Aussitôt que le regard de Lorenza eut recouvré sa puissance, elle jeta un rapide coup d'œil autour d'elle.

Après avoir examiné chaque chose sans qu'aucun de ces mille riens qui font la joie des femmes parût dérider la gravité de sa physionomie, la jeune femme arrêta ses yeux sur Balsamo avec un tressaillement douloureux.

Balsamo était assis et attentif, à quelques pas d'elle.

— Encore vous? fit-elle en se reculant.

Et tous les signes de l'effroi apparurent sur sa physionomie, ses lèvres pâlirent, la sueur perla à la racine de ses cheveux.

Balsamo ne répondit point.

— Où suis-je? demanda-t-elle.

— Vous savez d'où vous venez, madame, dit Balsamo, cela doit vous conduire naturellement à deviner où vous êtes.

— Oui, vous avez raison de rappeler mes souvenirs; je me souviens en effet. Je sais que j'ai été persécutée par vous, poursuivie par vous, arrachée par vous aux bras de la royale intermédiaire que j'avais choisie entre Dieu et moi.

— Alors vous savez aussi que cette princesse, toute puissante qu'elle soit, n'a pas pu vous défendre.

— Oui, vous l'avez vaincue par quelque violence magique, s'écria Lorenza en joignant les mains. Oh! mon Dieu! mon Dieu! délivrez-moi de ce démon.

— Où voyez-vous en moi un démon, madame? dit Balsamo en haussant les épaules; une fois pour toutes, laissez donc, je vous prie, ce bagage de croyances puériles apportées de Rome, et tout ce fatras de superstitions absurdes que vous avez traînées à votre suite depuis votre sortie du couvent.

— Oh! mon couvent! qui me rendra mon couvent? s'écria Lorenza en fondant en larmes.

— En effet, dit Balsamo, c'est une chose bien regrettable qu'un couvent!

Lorenza s'élança vers une des fenêtres, elle en ouvrit les rideaux, puis, après les rideaux, elle leva l'espagnolette, et sa main étendue s'arrêta sur un des barreaux épais recouverts d'un grillage de fer caché sous des fleurs, qui lui faisaient perdre beaucoup de sa signification sans lui rien ôter de son efficacité.

— Prison pour prison, dit-elle, j'aime mieux celle qui conduit au ciel que celle qui mène à l'enfer.

Et elle appuya furieusement ses poings délicats sur les tringles.

— Si vous étiez plus raisonnable, Lorenza. vous ne trouveriez à votre fenêtre que des fleurs sans barreaux.

— N'étais-je pas raisonnable quand vous m'enfermiez dans cette autre prison roulante avec ce vampire que vous appelez Althotas? Non, et cependant vous ne me perdiez pas de vue, cependant j'étais votre prisonnière, cependant, quand vous me quittiez, vous souffliez en moi cet esprit qui me possède et que je ne puis combattre! Où est-il, cet effrayant vieillard qui me fait mourir de terreur? là, dans quelque coin, n'est-ce pas? Taisons-nous tous deux, et nous entendrons sortir de terre sa voix de fantôme!

— Vous vous frappez l'imagination comme un enfant, madame, dit Balsamo. Althotas, mon précepteur, mon ami, mon second père, est un vieillard inoffensif, qui ne vous a jamais vue, jamais approchée, ou qui, s'il vous a approchée ou vue, n'a pas même fait attention à vous, lancé qu'il est à la poursuite de son œuvre.

— Son œuvre, murmura Lorenza, et quelle est son œuvre, dites ?

— Il cherche l'élixir de vie, ce que tous les esprits supérieurs ont cherché depuis six mille ans.

— Et vous, que cherchez-vous ?

— Moi? la perfection humaine.

— Oh! les démons! les démons! dit Lorenza en levant les mains au ciel.

— Bon, dit Balsamo en se levant, voilà votre accès qui va vous reprendre.

— Mon accès?

— Oui, votre accès; il y a une chose que vous ignorez, Lorenza : c'est que votre vie est séparée en deux périodes égales : pendant l'une vous êtes douce, bonne et raisonnable ; pendant l'autre, vous êtes folle.

— Et c'est sous le vain prétexte de cette folie que vous m'enfermez?

— Hélas! il le faut bien.

— Oh! soyez cruel, barbare, sans pitié; emprisonnez-moi, tuez-moi, mais ne soyez pas hypocrite, et n'ayez pas l'air de me plaindre en me déchirant.

— Voyons, dit Balsamo sans se fâcher et même avec un sourire bienveillant, est-ce une torture que d'habiter une chambre élégante, commode?

— Des grilles, des grilles de tous les côtés; des barreaux, des barreaux, pas d'air!

— Ces grilles sont là dans l'intérêt de votre vie, entendez-vous, Lorenza?

— Oh! s'écria-t-elle, il me fait mourir

à petit feu, et il me dit qu'il songe à ma vie, qu'il prend intérêt à ma vie !

Balsamo s'approcha de la jeune femme, et avec un geste amical il lui voulut prendre la main ; mais elle, se reculant comme si un serpent l'eût effleurée,

— Oh ! ne me touchez point, dit-elle.

— Vous me haïssez donc, Lorenza ?

— Demandez au patient s'il hait son bourreau.

—Lorenza, Lorenza, c'est parce que je ne veux pas le devenir que je vous ôte un peu de votre liberté. Si vous pouviez aller et venir à votre volonté, qui peut savoir ce que vous feriez dans un de vos instants de folie?

— Ce que je ferais? Oh! que je sois libre un jour, et vous verrez!

— Lorenza, vous traitez mal l'époux que vous avez choisi devant Dieu.

— Moi, vous avoir choisi? jamais!

— Vous êtes ma femme, cependant.

— Oh! voilà où est l'œuvre du démon.

— Pauvre insensée! dit Balsamo avec un tendre regard.

— Mais je suis Romaine, murmura Lorenza, et un jour, un jour, je me vengerai.

Balsamo secoua doucement la tête.

— N'est-ce pas que vous dites cela pour m'effrayer, Lorenza? demanda-t-il en souriant.

— Non, non, je le ferai comme je le dis.

— Femme chrétienne, que dites-vous? s'écria Balsamo avec une autorité surprenante. Votre religion qui dit de rendre le bien pour le mal, n'est donc qu'hypocrisie. puisque vous prétendez suivre cette religion et que vous rendez, vous, le mal pour le bien.

Lorenza parut un instant frappée de ces paroles.

— Oh! dit-elle, ce n'est pas une vengeance que de dénoncer à la société ses ennemis, c'est un devoir.

— Si vous me dénoncez comme un nécromant, comme un sorcier, ce n'est pas la société que j'offense, c'est Dieu que je brave. Pourquoi alors, si je brave Dieu, Dieu qui n'a qu'un signe à faire pour me foudroyer, ne se donne-t-il pas la peine de me punir, et laisse-t-il ce soin aux hommes, faibles comme moi, soumis à l'erreur comme moi?

—Il oublie, il tolère, murmura la jeune femme, il attend que vous vous réformiez.

Balsamo sourit.

— Et en attendant, dit-il, il vous conseille de trahir votre ami, votre bienfaiteur, votre époux.

— Mon époux ! Ah ! Dieu merci, jamais votre main n'a touché la mienne sans me faire rougir ou frissonner.

— Et, vous le savez, j'ai toujours généreusement cherché à vous épargner ce contact.

— C'est vrai, vous êtes chaste, et c'est

la seule compensation qui soit accordée à mes malheurs. Oh! s'il m'eût fallu subir votre amour!

— O mystère! mystère impénétrable! murmura Balsamo, qui semblait suivre sa pensée plutôt que répondre à celle de Lorenza.

— Terminons, dit Lorenza; pourquoi me prenez-vous ma liberté?

— Pourquoi, après me l'avoir donnée volontairement, voulez-vous la reprendre? Pourquoi fuyez-vous celui qui vous protége? Pourquoi allez-vous demander appui à une étrangère contre celui qui vous aime?

Pourquoi menacez-vous sans cesse celui qui ne vous menace jamais de révéler des secrets qui ne sont point à vous, et dont vous ignorez la portée?

— Oh! dit Lorenza sans répondre à l'interrogation, le prisonnier qui veut fermement redevenir libre, le redevient toujours, et vos barreaux de fer ne m'arrêteront pas plus que ne l'a fait votre cage ambulante.

— Ils sont solides, heureusement pour vous, Lorenza, dit Balsamo avec une menaçante tranquillité.

—Dieu m'enverra quelque orage comme

celui de la Lorraine, quelque tonnerre qui les brisera.

— Croyez-moi, priez Dieu de n'en rien faire ; croyez-moi, défiez-vous de ces exaltations romanesques, Lorenza, je vous parle en ami, écoutez-moi.

Il y avait tant de colère concentrée dans la voix de Balsamo, tant de feu sombre couvait dans ses yeux, sa main blanche et musculeuse se crispait d'une façon si étrange à chacune de ses paroles qu'il prononçait lentement et presque solennellement, que Lorenza, étourdie au plus fort de sa rébellion, écouta malgré elle.

— Voyez-vous, mon enfant, continua Balsamo sans que sa voix eût rien perdu de sa menaçante douceur, j'ai tâché de rendre cette prison habitable pour une reine; fussiez-vous reine, rien ne vous y manquera. Calmez donc cette exaltation folle. Vivez ici comme vous eussiez vécu dans votre couvent. Habituez-vous à ma présence; aimez-moi comme un ami, comme un frère. J'ai de grands chagrins, je vous les confierai ; d'effroyables déceptions, parfois un sourire de vous me consolera. Plus je vous verrai bonne, attentive, patiente, plus j'amincirai les barreaux de votre cellule; qui sait? dans un an ou dans six mois, peut-être serez-vous aussi libre que moi, en ce sens que vous ne voudrez plus me voler votre liberté.

— Non, non, s'écria Lorenza, qui ne pouvait comprendre qu'une résolution si terrible s'alliât avec une si douce voix, non, plus de promesses, plus de mensonges: vous m'avez enlevée, enlevée violemment, je suis à moi et à moi seule, rendez-moi donc au moins à Dieu, si vous ne voulez pas me rendre à moi-même. Jusqu'ici j'ai toléré votre despotisme, parce que je me souviens que vous m'avez arrachée à des brigands qui allaient me déshonorer, mais déjà cette reconnaissance s'affaiblit. Encore quelques jours de cette prison qui me révolte, et je ne serai plus votre obligée, et plus tard, plus tard, prenez garde, j'en arriverai peut-être à croire que vous aviez avec ces brigands des rapports mysté-rieux.

— Me feriez-vous l'honneur de voir en moi un chef de bandits? demanda ironiquement Balsamo.

— Je ne sais, mais tout au moins, ai-je surpris des signes, des paroles.

— Vous avez surpris des signes, des paroles! s'écria Balsamo en pâlissant.

— Oui, oui, dit Lorenza, je les ai surpris, je les sais, je les connais.

— Mais vous ne les direz jamais ; vous ne les redirez à âme qui vive, vous les enfermerez au plus profond de votre souvenir, afin qu'ils y meurent étouffés.

— Oh ! tout au contraire ! s'écria Lorenza, heureuse comme on l'est dans la colère, de trouver enfin l'endroit vulnérable de son antagoniste. Je les garderai pieusement dans ma mémoire, ces mots, je les redirai tout bas tant que je serai seule, et tout haut à la première occasion ; je les ai déjà dits.

— Et à qui? demanda Balsamo.

— A la princesse.

— Eh bien, Lorenza, écoutez bien ceci, dit Balsamo en enfonçant ses doigts dans sa chair pour en éteindre l'effervescence et pour refouler son sang révolté, si vous les avez dits, vous ne les redirez plus; vous ne les redirez plus, parce que je tiendrai les portes closes, parce que j'aiguiserai les pointes de ces barreaux, parce que j'élèverai, s'il le faut, les murs de cette cour aussi haut que ceux de Babel.

— Je vous l'ai dit, Balsamo, s'écria Lorenza, on sort de toute prison, surtout quand l'amour de la liberté se renforce de la haine du tyran.

— A merveille, sortez-en donc, Lorenza, mais écoutez ceci : vous n'avez plus que deux fois à en sortir : à la première, je vous châtierai si cruellement que vous répandrez toutes les larmes de votre corps; à la seconde, je vous frapperai si impitoyablement, que vous répandrez tout le sang de vos veines.

— Mon Dieu ! mon Dieu ! il m'assassinera ! hurla la jeune femme arrivée au dernier paroxysme de la colère, en s'arrachant les cheveux et en se roulant sur le tapis.

Balsamo la considéra un instant avec un mélange de colère et de pitié. Enfin, la pitié parut l'emporter sur la colère.

— Voyons, Lorenza, dit-il, revenez à vous, soyez calme; un jour viendra où vous serez grandement récompensée de ce que vous aurez souffert ou cru souffrir.

—Enfermée! enfermée! criait Lorenza sans écouter Balsamo.

— Patience.

— Frappée!

— C'est un temps d'épreuve.

— Folle! folle!

— Vous guérirez.

— Oh ! jetez-moi tout de suite dans un hôpital de fous ! enfermez-moi tout à fait dans une vraie prison !

— Non pas ! vous m'avez trop bien prévenu de ce que vous feriez contre moi.

— Eh bien ! hurla Lorenza, la mort alors ! la mort tout de suite !

Et, se relevant avec la souplesse et la rapidité d'une bête fauve, elle s'élança pour se briser la tête contre la muraille.

Mais Balsamo n'eut qu'à étendre la main vers elle et à prononcer du fond de sa volonté, bien plus encore que des lèvres, un seul mot pour l'arrêter en route : Lorenza. lancée, s'arrêta tout à coup, chancela et tomba endormie dans les bras de Balsamo.

L'étrange enchanteur, qui semblait s'être soumis tout le côté matériel de cette femme. mais qui luttait en vain contre le côté moral. souleva Lorenza entre ses bras, et la porta sur son lit; alors il déposa sur ses lèvres un long baiser, tira les rideaux de son lit, puis ceux des fenêtres, et sortit.

Quant à Lorenza, un sommeil doux et bienfaisant l'enveloppa comme le manteau d'une bonne mère enveloppe l'enfant volontaire qui a beaucoup souffert, beaucoup pleuré.

II

La visite.

Lorenza ne s'était pas trompée. Une voiture, après être entrée par la barrière Saint-Denis, après avoir suivi dans toute sa longueur le faubourg du même nom, avait tourné entre la porte et l'angle formé par la dernière maison, et longeait le boulevard.

Cette voiture renfermait, comme l'avait dit la voyante, M. Louis de Rohan, évêque de Strasbourg, que son impatience portait à venir trouver, avant le temps fixé, le sorcier dans son antre.

Le cocher, que bon nombre d'aventures galantes du beau prélat aguerrissaient contre l'obscurité, les fondrières et les dangers de certaines rues mystérieuses, ne se rebuta pas le moins du monde, lorsque, après avoir suivi les boulevards Saint-Denis et Saint-Martin, encore peuplés et éclairés, il lui fallut aborder le boulevard désert et sombre de la Bastille.

La voiture s'arrêta au coin de la rue

Saint-Claude, sur le boulevard même, et, d'après l'ordre du maître, alla se cacher sous les arbres, à vingt pas.

Alors M. de Rohan, en habit de ville, se glissa dans la rue et vint frapper trois fois à la porte de l'hôtel qu'il avait facilement reconnu à la description que lui en avait faite le comte de Fœnix.

Le pas de Fritz retentit dans la cour, la porte s'ouvrit.

— N'est-ce point ici que demeure M. le comte de Fœnix? demanda le prince.

— Oui, monseigneur, répondit Fritz.

— Est-il au logis?

— Oui, monseigneur.

— Bien, annoncez.

— Son Eminence le cardinal de Rohan, n'est-ce pas, monseigneur ?

Le prince demeura tout étourdi. Il regarda sur lui, autour de lui, si quelque chose pouvait, dans son costume, ou dans son entourage, avoir trahi sa qualité. Il était seul et vêtu en laïque.

— Comment savez-vous mon nom ? demanda-t-il.

— Monsieur vient de me dire, à l'instant même, qu'il attendait Son Eminence.

— Oui, mais demain, après-demain ?

— Non, monseigneur, ce soir.

— Votre maître vient de vous dire qu'il m'attendait ce soir ?

— Oui, monseigneur.

— Bien, annoncez-moi, alors, dit le cardinal en mettant un double louis dans la main de Fritz.

— Alors, dit Fritz, que Votre Éminence prenne la peine de me suivre.

Le cardinal fit de la tête un signe annonçant qu'il y consentait.

Fritz marcha d'un pas empressé vers la

porte de l'antichambre qu'un grand candélabre de bronze doré éclairait de ses douze bougies.

Le cardinal suivait tout surpris et tout rêveur.

— Mon ami, dit-il, en s'arrêtant à la porte du salon, il y a sans doute méprise, et, dans ce cas, je ne voudrais pas déranger le comte ; il est impossible que je sois attendu par lui, puisqu'il ignore que je devais venir.

— Monseigneur est bien Son Éminence le cardinal prince de Rohan, évêque de Strasbourg ? demanda Fritz.

— Oui, mon ami.

— Alors c'est bien monseigneur que M. le comte attend.

Et allumant successivement les bougies de deux autres candélabres, Fritz s'inclina et sortit.

Cinq minutes s'écoulèrent pendant lesquelles le cardinal, en proie à une singulière émotion, regarda l'ameublement plein d'élégance de ce salon et les huit tableaux de maîtres suspendus à ses lambris.

La porte s'ouvrit, et le comte de Fœnix parut sur le seuil.

— Bonsoir, monseigneur, dit-il simplement.

— On m'a dit que vous m'attendiez, s'écria le cardinal sans répondre à cette salutation, que vous m'attendiez ce soir ? c'est impossible.

— J'en demande pardon à monseigneur, mais je l'attendais, répondit le comte. Peut-être doute-t-il de la vérité de mes paroles en voyant l'accueil indigne que je lui fais ? mais, arrivé à Paris depuis quelques jours, je suis installé à peine. Que Son Éminence veuille donc m'excuser.

— Vous m'attendiez ! Et qui vous a prévenu de ma visite ?

— Vous-même, monseigneur.

— Comment cela?

— N'avez-vous pas arrêté votre voiture à la barrière Saint-Denis?

— Oui.

— N'avez-vous pas appelé votre valet de pied, qui est venu parler à Son Éminence à la portière de son carrosse?

— Oui.

— Ne lui avez-vous pas dit : rue Saint-Claude, au Marais, par le faubourg Saint-Denis et le boulevard, paroles qu'il a répétées au cocher?

— Oui. Mais vous m'avez donc vu, vous m'avez donc entendu ?

— Je vous ai vu, monseigneur, je vous ai entendu.

— Vous étiez donc là ?

— Non, monseigneur, je n'étais pas là.

— Et où étiez-vous ?

— J'étais ici.

— Vous m'avez vu, vous m'avez entendu d'ici ?

— Oui, monseigneur.

— Allons donc !

— Monseigneur oublie que je suis sorcier.

— Ah! c'est vrai, j'oubliais, Monsieur... comment faut-il que je vous appelle? M. le baron Balsamo ou M. le comte de Fœnix?

— Chez moi, monseigneur, je n'ai pas de nom: je m'appelle le MAITRE.

— Oui, c'est le titre hermétique. Ainsi donc, maître, vous m'attendiez?

— Je vous attendais.

— Et vous aviez chauffé votre laboratoire?

— Mon laboratoire est toujours chauffé, monseigneur.

— Et vous me permettrez d'y entrer ?

— J'aurai l'honneur d'y conduire Votre Éminence.

— Et je vous y suivrai, mais à une condition.

— Laquelle ?

— C'est que vous me promettrez de ne pas me mettre personnellement en rapport avec le Diable. J'ai grand'peur de Sa Majesté Lucifer.

— Oh ! monseigneur.

— Oui, d'ordinaire on prend pour faire le diable de grands coquins de gardes françaises réformés, ou des maîtres d'armes à plumet, qui, pour jouer au naturel le rôle de Satan, rouent les gens de chiquenaudes et de nasardes après avoir éteint les chandelles.

— Monseigneur, dit Balsamo en souriant, jamais mes diables à moi n'oublient qu'ils ont l'honneur d'avoir affaire à des princes, et ils se souviennent toujours du mot de M. de Condé qui promit à l'un d'eux, s'il ne se tenait pas tranquille, de rosser si bien son fourreau qu'il serait forcé d'en sortir, ou de s'y conduire plus décemment.

— Bien, dit le cardinal, voilà qui me ravit; passons au laboratoire.

— Votre Éminence veut-elle prendre la peine de me suivre?

— Marchons.

III

L'or.

Le cardinal de Rohan et Balsamo enfilèrent un petit escalier qui conduisait, parallèlement du grand, dans les salons du premier étage : là, sous une voûte, Balsamo trouva une porte qu'il ouvrit, et un corridor sombre apparut aux yeux du cardinal, qui s'y engagea résolûment.

Balsamo referma la porte.

Au bruit que cette porte fit en se refermant, le cardinal regarda derrière lui avec une certaine émotion.

— Monseigneur, nous voici arrivés, dit Balsamo; nous n'avons plus qu'à ouvrir devant nous et à refermer derrière nous cette dernière porte; seulement ne vous étonnez point du son étrange qu'elle rendra, elle est de fer.

Le cardinal, que le bruit de la première porte avait fait tressaillir, fut heureux d'avoir été prévenu à temps, car les grincements métalliques des gonds et de la serrure eussent fait vibrer désagréablement des nerfs moins susceptibles que les siens.

Il descendit trois marches et entra.

Un grand cabinet avec des solives nues au plafond, une vaste lampe, et son abat-jour, force livres, beaucoup d'instruments de chimie et de physique, tel était l'aspect premier de ce nouveau logis.

Au bout de quelques secondes le cardinal sentit qu'il ne respirait plus que péniblement.

— Que veut dire cela? demanda-t-il ;

on étouffe ici, maître ; la sueur me coule. Quel est ce bruit?

—Voici la cause, monseigneur, comme dit Shakespeare, fit Balsamo en tirant un grand rideau d'amiante et en découvrant un vaste fourneau de briques, au centre duquel deux trous étincelaient comme les yeux du lion dans les ténèbres.

Ce fourneau tenait le centre d'une seconde pièce, d'une grandeur double de la première, et que le prince n'avait pas aperçue, masquée qu'elle était par le rideau d'amiante.

— Oh! oh! dit le prince en reculant, ceci est assez effrayant, ce me semble.

— C'est un fourneau, monseigneur.

— Oui, sans doute, mais vous avez cité Shakespeare, moi je citerai Molière, il y a fourneau et fourneau, celui-ci a un air tout à fait diabolique, et son odeur ne me plaît pas, que cuit-on là dedans?

— Mais ce que Votre Eminence m'a demandé.

— Plaît-il?

— Sans doute, Votre Éminence m'a, je crois, fait la grâce d'accepter un échantillon de mon savoir-faire. Je devais ne me mettre à l'œuvre que demain soir, puisque Votre Éminence ne devait venir qu'après-demain; mais Votre Éminence ayant changé d'avis, j'ai, aussitôt que je l'ai vue en route pour la rue Saint-Claude, allumé le fourneau et fait la mixtion; il en résulte que le fourneau bout et que dans dix minutes vous aurez votre or. Permettez que j'ouvre le vasistas pour établir un courant d'air.

— Quoi! ces creusets placés sur le fourneau?....

— Dans dix minutes nous donneront de l'or aussi pur que les sequins de Venise et les florins de Toscane.

— Voyons, si l'on peut voir toutefois.

— Sans doute; seulement prenons quelques précautions indispensables.

— Lesquelles?

—Appliquez sur votre visage ce masque d'amiante aux yeux de verre, sans quoi le feu pourrait bien, tant il est ardent, vous brûler la vue.

— Peste! prenons-y garde; je tiens à mes yeux, et je ne les donnerais pas pour les cent mille écus que vous m'avez promis.

—C'est ce que je pensais, monseigneur; les yeux de Votre Éminence sont beaux et bons.

Le compliment ne déplut aucunement au prince, très-jaloux de ses avantages personnels.

— Ah! ah! fit-il en ajustant le masque, nous disons donc que nous allons voir de l'or!

— Je l'espère, monseigneur.

— Pour cent mille écus?

— Oui, monseigneur; peut-être y en aura-t-il un peu plus, car j'ai fait la mixtion abondante.

— Vous êtes en vérité un généreux sorcier, dit le prince avec un joyeux battement de cœur.

— Moins que Votre Altesse, qui veut bien me le dire. Maintenant, monseigneur, veuillez vous écarter un peu, je vous prie, que j'ouvre la plaque du creuset.

Balsamo revêtit une courte chemise d'amiante, saisit d'un bras vigoureux une pince de fer, et leva un couvercle rougi par l'ardeur du feu, lequel laissa à découvert quatre creusets de forme pareille, contenant les uns une mixture rouge comme du vermillon, et les autres une matière blanchissant déjà, mais avec un reste de transparence purpurine.

— Et voilà l'or! dit le prélat à mi-voix,

comme s'il eût craint de troubler par une parole trop haute le mystère qui s'accomplissait devant lui.

— Oui, monseigneur, ces quatre creusets sont étagés : les uns ont douze heures de cuisson, les autres onze. La mixtion, et ceci c'est un secret que je révèle à un ami de la science, ne se jette dans la matière qu'au moment de l'ébullition. Mais, comme Votre Éminence peut le voir, voici le premier creuset qui blanchit ; il est temps de transvaser la matière arrivée à point. Veuillez vous reculer, monseigneur.

Le prince obéit avec la même ponctualité qu'un soldat à l'ordre de son chef. Et

Balsamo, quittant la pince de fer déjà chaude par le contact des creusets rouges, approcha du fourneau une sorte d'enclume à roulettes, sur laquelle étaient enchâssés dans des formes de fer huit moules cylindriques de même capacité.

— Qu'est ceci, cher sorcier? demanda le prince.

— Ceci, monseigneur, c'est le moule commun et uniforme dans lequel je vais couler vos lingots.

— Ah! ah! fit le prince, et il redoubla d'attention.

Balsamo étendit sur la dalle un lit d'étoupes blanches en guise de rempart. Il se plaça entre l'enclume et le fourneau, ouvrit un grand livre, récita, baguette en main, une incantation, puis saisissant une tenaille gigantesque destinée à enfermer le creuset dans ses bras tordus:

— L'or sera superbe, dit-il, monseigneur, et de première qualité.

— Comment, demanda le prince, vous allez enlever ce pot de feu?

— Qui pèse cinquante livres, oui, monseigneur; oh! peu de fondeurs, je vous le déclare, ont mes muscles et ma dextérité, ne craignez donc rien.

— Cependant, si le creuset éclatait...

— Cela m'est arrivé une fois, monseigneur; c'était en 1399, je faisais une expérience avec Nicolas Flamel, en sa maison de la rue des Écrivains, près la chapelle Saint-Jacques-la-Boucherie. Le pauvre Flamel faillit y perdre la vie, et moi j'y perdis vingt-sept marcs d'une substance plus précieuse que l'or.

— Que diable me dites-vous là, maître?

— La vérité.

— En 1399, vous poursuiviez le grand œuvre!

— Oui, monseigneur.

— Avec Nicolas Flamel?

— Avec Nicolas Flamel ; nous trouvâmes le secret ensemble, cinquante ou soixante ans auparavant, en travaillant avec Pierre le Bon, dans la ville de Pola. Il ne boucha point le creuset assez vite, et j'eus l'œil droit perdu pendant dix ou douze ans par l'évaporation.

— Pierre le Bon ?

— Celui qui composa le fameux ouvrage de la *Margarita pretiosa,* ouvrage que vous connaissez, sans doute?

— Oui, et qui porte la date de 1330.

— C'est justement cela, monseigneur.

— Et vous avez connu Pierre le Bon et Flamel ?

— J'ai été l'élève de l'un et le maître de l'autre.

Et tandis que le cardinal épouvanté se demandait si ce n'était pas le diable en personne et non un de ses suppôts qui se trouvait à ses côtés, Balsamo plongea dans la fournaise sa tenaille aux longs bras.

L'étreinte fut sûre et rapide. L'alchimiste engloba le creuset à quatre pouces au-dessous du bord, s'assura, en le soulevant de quelques pouces seulement, qu'il le tenait bien; puis, par un effort vigoureux, il roidit les muscles, et enleva l'effrayante marmite de son fourneau ardent; les mains de la tenaille rougirent aussitôt; puis, on vit courir sur l'argile incandescente des sillons blancs comme des éclairs dans une nuée sulfureuse; puis, les bords du creuset se foncèrent en rouge-brun, tandis que le fond conique apparaissait encore rose et argent sur le pénombre du fourneau; puis, enfin, le métal ruisselant sur lequel s'était formée une crème violette, frisée de plis d'or, siffla par la gouttière du creuset, et tomba en jets flamboyants dans le moule noir, à l'orifice duquel apparut, furieuse et écumante, la nappe d'or, insultant, par ses frissonnements, au vil métal qui la contenait.

— Au second, dit Balsamo, en passant à un second moule.

Et le second moule fut rempli avec la même force et la même dextérité.

La sueur dégouttait du front de l'opérateur : le spectateur se signait dans l'ombre.

En effet, c'était un tableau d'une sauvage et majestueuse horreur. Balsamo, éclairé par les fauves reflets de la flamme métallique, ressemblait aux damnés que Michel-Ange et Dante tordent dans le fond de leurs chaudières.

Puis il y avait l'émotion de l'inconnu.

Balsamo ne respira point entre les deux opérations, le temps pressait.

— Il y aura un peu de déchet, dit-il, après avoir rempli le second moule ; j'ai laissé bouillir la mixture un centième de minute de trop.

— Un centième de minute ! s'écria le cardinal, ne cherchant plus à cacher sa stupéfaction.

— C'est énorme en hermétique, monseigneur, répliqua naïvement Balsamo ; mais en attendant, Éminence, voici deux creusets vides et deux moules remplis, et cent livres d'or fin.

Et, saisissant, à l'aide de ses puissantes tenailles, le premier moule, il le jeta dans l'eau, qui tourbillonna et fuma longtemps ; puis il l'ouvrit, et en tira un morceau d'or irréprochable, ayant la forme d'un petit pain de sucre aplati aux deux pôles.

— Nous avons près d'une heure à attendre pour les deux autres creusets, dit Balsamo ; en attendant, Votre Éminence veut-elle s'asseoir ou respirer le frais?

— Et c'est de l'or ? demanda le cardinal sans répondre à l'interrogatoire de l'opérateur.

Balsamo sourit. Le cardinal était bien à lui.

— En douteriez-vous, monseigneur?

— Écoutez donc, la science s'est trompée tant de fois...

— Vous ne dites pas votre pensée tout entière, mon prince, dit Balsamo. Vous croyez que je vous trompe et que je vous trompe sciemment. Monseigneur, je serais bien peu de chose à mes propres yeux si j'agissais ainsi, car mes ambitions n'iraient pas au delà des murs de mon cabinet, qui vous verrait sortir tout émerveillé pour aller perdre votre admiration chez le premier batteur d'or venu. Allons, allons, faites-moi plus d'honneur, mon prince, et croyez que si je voulais tromper, ce serait plus adroitement et dans un but plus élevé. Au surplus, Votre Éminence sait comment on éprouve l'or ?

— Sans doute, par la pierre à toucher.

— Monseigneur n'a pas manqué de faire l'expérience lui-même, ne fût-ce que sur les onces d'Espagne qui sont fort courues au jeu, étant de l'or le plus fin que l'on puisse trouver, mais parmi lesquelles il s'en trouve beaucoup de fausses ?

— Cela m'est arrivé effectivement.

— Eh bien, monseigneur, voici une pierre et de l'acide.

— Non, je suis convaincu.

— Monseigneur, faites-moi le plaisir de vous assurer que ces lingots sont non-seulement de l'or, mais encore de l'or sans alliage.

Le cardinal paraissait répugner à donner cette preuve d'incrédulité ; et cependant, il était visible qu'il n'était point convaincu.

Balsamo toucha lui-même les lingots

et soumit le résultat à l'expérience de son hôte.

Vingt-huit carats, dit-il; je vais verser les deux autres.

Dix minutes après, les deux cents livres d'or étaient étalées en quatre lingots sur l'étoupe échauffée par le contact.

— Votre Éminence est venue en carrosse, n'est-ce pas? Du moins, c'est en carrosse que je l'ai vue venir.

— Oui.

— Monseigneur fera approcher son carrosse de la porte, et mon laquais portera les lingots dans son carrosse.

— Cent mille écus, murmura le cardinal, en ôtant son masque comme pour voir par ses propres yeux l'or gisant à ses pieds.

— Et celui-là, monseigneur, vous pourrez dire d'où il vient, n'est-ce pas? car vous l'avez vu faire?

— Oh! oui, et j'en témoignerai.

— Non pas, non pas, dit vivement Balsamo, on n'aime pas les savants en France : ne témoignez de rien, monseigneur. Oh! si je faisais des théories au lieu de faire de l'or, je ne dis pas.

— Alors, que puis-je faire pour vous ?

dit le prince en soulevant avec peine un lingot de cinquante livres dans ses mains délicates.

Balsamo le regarda fixément, et, sans aucun respect, se mit à rire.

— Qu'y a-t-il donc de risible dans ce que je vous dis? demanda le cardinal.

— Votre Éminence m'offre ses services, je crois!

— Sans doute.

— En vérité, ne serait-il pas plus à propos que je lui offrisse les miens?

La figure du cardinal s'assombrit.

— Vous m'obligez, monsieur, dit-il, et cela je m'empresse de le reconnaître ; mais si cependant la reconnaissance que je vous garde devait être plus lourde que je ne le crois, je n'accepterais point le service : il y a encore, Dieu merci, dans Paris assez d'usuriers pour que je trouve moitié sur gage, moitié sur ma signature, cent mille écus d'ici à après-demain, et rien que mon anneau épiscopal vaut quarante mille livres.

Et le prélat étendit sa main blanche comme celle d'une femme, à l'annulaire duquel brillait un diamant gros comme une noisette.

— Mon prince, dit Balsamo en s'inclinant, il est impossible que vous ayez pu croire un instant à mon intention de vous offenser.

Puis, comme s'il se parlait à lui-même :

— Il est étrange, continua-t-il, que la vérité fasse cet effet à quiconque s'appelle prince.

— Comment cela?

— Eh! sans doute : Votre Éminence me propose ses services à moi ; je vous le demande à vous-même, monseigneur, de quelle nature peuvent être les services que

Votre Éminence est à même de me rendre?

— Mais mon crédit à la cour, d'abord?

— Monseigneur, monseigneur, vous savez vous-même que ce crédit est bien ébranlé, et j'aimerais presque autant celui de M. de Choiseul qui n'a plus quinze jours peut-être à rester ministre. Tenez, mon prince, en fait de crédit, tenons-nous-en au mien. Voici de bel et bon or. Chaque fois que Votre Éminence en voudra, elle me le fera dire la veille ou le matin même, et je lui en fournirai à son désir; et avec de l'or, on a tout, n'est-ce pas, monseigneur?

— Non pas tout, murmura le cardinal, tombé au rang de protégé et ne cherchant même plus à reprendre sa position de protecteur.

— Ah! c'est vrai. J'oubliais, dit Balsamo que monseigneur désire autre chose que de l'or, un bien plus précieux que toutes les richesses du monde; mais ceci ne regarde plus la science, c'est du ressort de la magie. Monseigneur, dites un mot, et l'alchimiste est prêt à faire place au magicien.

— Merci, monsieur, je n'ai plus besoin de rien, je ne désire plus rien, dit tristement le cardinal.

Balsamo s'approcha de lui.

—Monseigneur, dit-il, un prince jeune, ardent, beau, riche, et qui s'appelle Rohan, ne peut pas faire une pareille réponse à un magicien.

— Et pourquoi cela?

— Parce que le magicien lit au fond du cœur, et sait le contraire.

— Je ne désire rien, je ne veux rien, monsieur, reprit le cardinal presque épouvanté.

— J'aurais cru, au contraire, que les désirs de Son Éminence étaient tels qu'elle n'osait se les avouer à elle-même, reconnaissant que c'étaient des désirs de roi.

— Monsieur, dit le cardinal en tressaillant, vous faites allusion, je crois, à quelques paroles que vous m'avez déjà dites chez la princesse.

— Oui, je l'avoue, monseigneur.

—Monsieur, alors vous vous êtes trompé et vous vous trompez encore maintenant.

— Oubliez-vous, monseigneur, que je vois aussi clairement dans votre cœur ce qui s'y passe en ce moment, que j'ai vu clairement votre carrosse sortir des carmélites de Saint-Denis, dépasser la barrière, prendre le boulevard et s'arrêter sous les arbres, à cinquante pas de ma maison.

— Alors expliquez-vous et dites-moi quelque chose qui me frappe.

— Monseigneur, il a toujours fallu aux princes de votre maison un amour grand et hasardeux, vous ne dégénérerez pas, c'est la loi.

— Je ne sais ce que vous voulez dire, comte? balbutia le prince.

— Au contraire, vous me comprenez à merveille. J'aurais pu toucher plusieurs des cordes qui vibrent en vous, mais pourquoi l'inutile? J'ai été droit à celle qu'il faut attaquer, oh! celle-là vibre profondément; j'en suis sûr.

Le cardinal releva la tête, et, par un dernier effort de défiance interrogea le regard si clair et si assuré de Balsamo.

Basalmo souriait avec une telle expression de supériorité que le cardinal baissa les yeux.

— Oh! vous avez raison, monseigneur, vous avez raison, ne me regardez point; car alors je vois trop clairement ce qui se passe dans votre cœur; car votre cœur est comme un miroir qui garderait la forme des objets qu'il a réfléchis.

— Silence, comte de Fœnix; silence, dit le cardinal subjugué.

—Oui, vous avez raison, silence, car le moment n'est pas encore venu de laisser voir un pareil amour.

— Pas encore, avez-vous dit?

— Pas encore.

— Cet amour a donc un avenir?

— Pourquoi pas?

— Et vous pourriez me dire, vous, si cet amour n'est pas insensé, comme je l'ai cru moi-même, comme je le crois encore, comme je le croirai jusqu'au moment où une preuve du contraire me sera donnée?

— Vous demandez beaucoup, monseigneur; je ne puis rien vous dire sans être mis en contact avec la personne qui vous inspire cet amour, ou avec quelque objet venant d'elle.

— Et quel objet faudrait-il pour cela?

— Une tresse de ses beaux cheveux dorés, si petite qu'elle soit, par exemple.

—Oh! oui, vous êtes un homme profond! Oui, vous l'avez dit, vous lisez dans les cœurs comme je lirais, moi, dans un livre.

— Hélas! c'est ce que me disait votre pauvre arrière-grand-oncle, le chevalier Louis de Rohan, lorsque je lui fis mes adieux sur la plate-forme de la Bastille, au pied de l'échafaud sur lequel il monta si courageusement.

— Il vous dit cela?... que vous étiez un homme profond?

— Et que je lisais dans les cœurs. Oui, car je l'avais prévenu que le chevalier de Préault le trahirait. Il ne voulut pas me croire, et le chevalier de Préault le trahit.

—Quel singulier rapprochement faites-vous entre mon ancêtre et moi? dit le cardinal en pâlissant malgré lui.

— C'est uniquement pour vous rappeler qu'il s'agit d'être prudent, monseigneur, en vous procurant des cheveux qu'il vous faudra couper sous une couronne.

—N'importe où il faudra les aller prendre, vous les aurez, monsieur.

—Bien; maintenant voici votre or, monseigneur; j'espère que vous ne doutez plus que ce soit bien de l'or.

— Donnez-moi une plume et du papier.

— Pourquoi faire, monseigneur?

—Pour vous faire un reçu des 100,000 écus que vous me prêtez si gracieusement.

— Y pensez-vous, monseigneur, un reçu à moi, et pourquoi faire?

—J'emprunte souvent, mon cher comte, dit le cardinal; mais je vous préviens que je ne reçois jamais.

— Comme il vous plaira, mon prince.

— Le cardinal prit une plume sur la table, et écrivit d'une énorme et illisible écriture, un reçu dont l'orthographe ferait peur à la gouvernante d'un sacristain d'aujourd'hui.

— Est-ce bien cela ? demanda-t-il en le présentant à Balsamo.

— Parfaitement, répliqua le comte le mettant dans sa poche sans même jeter les yeux dessus.

— Vous ne le lisez pas, monsieur ?

—J'avais la parole de Votre Eminence, et la parole des Rohan vaut mieux qu'un gage.

— Monsieur le comte de Fœnix, dit le cardinal avec un demi-salut, bien significatif de la part d'une homme de cette qualité, vous êtes un galant homme, et si je ne puis vous faire mon obligé vous me permettrez d'être heureux de demeurer le vôtre.

Balsamo s'inclina à son tour et tira une sonnette au bruit de laquelle Fritz apparut.

Le comte lui dit quelques mots en allemand.

Fritz se baissa, et, comme un enfant qui emporterait huit oranges, un peu embarrassé, mais nullement courbé ou retardé. il enleva les huit lingots d'or dans leurs enveloppes d'étoupes.

—Mais c'est un Hercule que ce gaillard-là? dit le cardinal.

— Il est assez fort, oui, monseigneur, répondit Balsamo ; mais il est vrai de dire que depuis qu'il est à mon service, je lui laisse boire chaque matin trois gouttes d'un élixir composé par mon savant ami le docteur Althotas ; aussi, le voilà qui commence à profiter ; dans un an, il portera les cent marcs d'une seule main.

— Merveilleux ! incompréhensible ! murmura le cardinal. Oh ! je ne pourrai résister au désir de parler de tout cela.

—Faites, monseigneur, faites, répondit Balsamo en riant ; mais n'oubliez pas que parler de tout cela, c'est prendre l'engagement de venir éteindre vous-même la flamme de mon bûcher, si, par hasard, il prenait envie au parlement de me faire rôtir en place de Grève.

Et ayant escorté son illustre visiteur jusque sous la porte cochère, il prit congé de lui avec un salut respectueux.

— Mais votre valet? je ne le vois pas, dit le cardinal.

— Il est allé porter l'or dans votre voiture, monseigneur.

— Il sait donc où elle est?

— Sous le quatrième arbre à droite en tournant le boulevard. C'est cela que je lui disais en allemand, monseigneur.

Le cardinal leva les mains au ciel et disparut dans l'ombre.

Balsamo attendit que Fritz fût rentré et remonta chez lui en fermant toutes les portes.

IV

L'élixir de vie.

Balsamo, demeuré seul, vint écouter à la porte de Lorenza.

Elle dormait d'un sommeil égal et doux.

Il entr'ouvrit alors un guichet, fixé en

dehors, et la contempla quelque temps dans une douce et tendre rêverie. Puis, repoussant le guichet et traversant la chambre que nous avons décrite et qui séparait l'appartement de Lorenza du cabinet de physique, il s'empressa d'aller éteindre ses fourneaux, en ouvrant un immense conduit qui dégagea toute la chaleur par la cheminée, et donna passage à l'eau d'un réservoir contenu sur la terrasse.

Puis, serrant précieusement dans un portefeuille de maroquin noir le reçu du cardinal :

— La parole des Rohan est bonne.

murmura-t-il, mais pour moi seulement. et là-bas il est bon que l'on sache à quoi j'emploie l'or des frères.

Ces paroles s'éteignaient sur ses lèvres, quand trois coups secs, frappés au plafond, lui firent lever la tête.

— Oh! oh! dit-il, voici Althotas qui m'appelle.

Puis, comme il donnait de l'air au laboratoire, rangeait toute chose avec méthode, replaçait la plaque sur les briques, les coups redoublèrent.

— Ah! il s'impatiente; c'est bon signe.

Balsamo prit une longue tringle de fer, et frappa à son tour; puis il alla détacher de la muraille un anneau de fer, et, au moyen d'un ressort qui se détentit, une trappe se détacha du plafond, et s'abaissa jusqu'au sol du laboratoire. Balsamo se plaça au centre de la machine, qui, au moyen d'un autre ressort, remonta doucement, enlevant son fardeau avec la même facilité que les gloires de l'Opéra enlèvent les dieux et les déesses, et l'élève se trouva chez le maître.

Cette nouvelle habitation du vieux savant pouvait avoir de huit à neuf pieds de hauteur sur seize de diamètre; elle était éclairée par le haut à la manière des puits et hermétiquement fermée sur les quatre façades.

Cette chambre était, comme on le voit, un palais relativement à son habitation dans la voiture.

Le vieillard était assis dans son fauteuil roulant, au centre d'une table de marbre taillée en fer à cheval, et encombrée de tout un monde, ou plutôt de tout un chaos de plantes, de fioles, d'outils, de livres, d'appareils et de papiers chargés de caractères cabalistiques.

Il était si préoccupé, qu'il ne se dérangea point quand Balsamo apparut.

La lumière d'une lampe astrale, attachée au point culminant du vitrage, tombait sur son crâne nu et luisant.

Il ressassait entre ses doigts une bouteille de verre blanc dont il interrogeait la transparence, à peu près comme une ménagère qui fait son marché elle-même, mire à la lumière les œufs qu'elle achète.

Balsamo le regarda d'abord en silence ; puis, au bout d'un instant :

— Eh bien ! dit-il, il y a donc du nouveau ?

— Oui, oui. Arrive, Acharat, tu me vois enchanté, ravi ; j'ai trouvé, j'ai trouvé...

— Quoi?

— Ce que je cherchais, pardieu !

— L'or ?

— Ah bien oui, l'or ! allons donc !

— Le diamant ?

— Bon, le voilà qui extravague. L'or, le diamant, belles trouvailles, ma foi et il y aurait de quoi se réjouir, sur mon âme, si j'avais trouvé cela !

— Alors, demanda Balsamo, ce que vous avez trouvé, c'est donc votre élixir ?

— Oui, mon ami, c'est mon élixir.

c'est-à-dire la vie, que dis-je la vie, l'éternité de la vie.

— Oh! oh! fit Balsamo attristé, car il regardait cette recherche comme une œuvre folle, c'est encore de ce rêve que vous vous occupez?

Mais Althotas, sans écouter, mirait amoureusement sa fiole.

— Enfin, dit-il, la comparaison est trouvée : élixir daristée, vingt grammes ; baume de mercure, quinze grammes ; précipité d'or, quinze grammes ; essence de cèdres du Liban, vingt-cinq grammes.

— Mais il me semble, qu'à l'élixir daristée près, c'est votre dernière combinaison, maître ?

— Oui, mais il y manquait l'ingrédient principal, celui qui relie tous les autres, celui sans lequel les autres ne sont rien.

— Et vous l'avez trouvé, celui-là ?

— Je l'ai trouvé.

— Vous pouvez vous le procurer ?

— Pardieu !

— Quel est-il ?

— Il faut ajouter aux matières, déjà combinées dans cette fiole, les trois dernières gouttes du sang artériel d'un enfant.

— Eh bien! mais cet enfant, dit Balsamo épouvanté, où l'aurez-vous?

— Tu me le procureras.

— Moi?

— Oui, toi.

— Vous êtes fou, maître.

— Eh bien! quoi? demanda l'impassible vieillard en promenant avec délice sa langue sur l'extérieur du flacon où, par le bouchon mal clos, suintait une goutte d'eau; eh bien! quoi?...

— Et vous voulez avoir un enfant pour prendre les trois dernières gouttes de son sang artériel?

— Oui.

— Mais il faut tuer l'enfant pour cela?

— Sans doute, il faut le tuer; plus il sera beau. mieux cela vaudra.

— Impossible, dit Balsamo en haussant les épaules, on ne prend pas ici les enfants pour les tuer.

— Bah! s'écria le vieillard avec une atroce naïveté, qu'est-ce donc qu'on en fait?

— On les élève, pardieu!

— Ah ça! le monde est donc changé. Il y a trois ans, on venait nous en offrir tant que nous en voulions, des enfants, pour quatre charges de poudre ou une demi-bouteille d'eau-de-vie.

— Etait-ce au Congo, maître?

— Eh bien, oui! c'était au Congo. Il m'est égal que l'enfant soit noir, à moi. Ceux qu'on nous offrait, je me le rappelle, étaient très-gentils, très-frisés, très-folâtres.

— A merveille! dit Balsamo; mais malheureusement, cher maître, nous ne sommes pas au Congo.

— Ah! nous ne sommes pas au Congo, dit Althotas? Eh bien! où sommes-nous donc?

— A Paris.

— A Paris. Eh bien? en nous embarquant à Marseille, nous pouvons y être en six semaines, au Congo.

— Oui, cela se pourrait, sans doute; mais il faut que je reste en France.

— Il faut que tu restes en France; et pourquoi cela?

— Parce que j'y ai affaire.

— Tu as affaire en France?

—Oui, et sérieusement.

Le vieillard partit d'un long et lugubre éclat de rire.

—Affaire, dit-il, affaire en France. Ah! oui, c'est vrai, j'avais oublié, moi; tu as des clubs à organiser.

— Oui, maître.

— Des conspirations à ourdir.

— Oui, maître.

—Tes affaires, enfin, comme tu appelles cela.

Et le vieillard se prit à rire de son air faux et moqueur.

Balsamo garda le silence, tout en amassant des forces contre l'orage qui se préparait et qu'il sentait venir.

— Et où en sont les affaires? voyons! dit le vieillard en se retournant péniblement sur son fauteuil et en attachant ses grands yeux gris sur son élève.

Balsamo sentit pénétrer en lui ce regard comme un rayon lumineux.

— Où j'en suis? demanda-t-il.

— Oui.

— J'ai lancé la première pierre, l'eau est troublée.

— Et quel limon as-tu remué? parle, voyons.

— Le bon, le limon philosophique.

—Ah oui, tu vas mettre en jeu tes utopies, tes rêves creux, tes brouillards: des drôles qui discutent sur l'existence ou la non existence de Dieu, au lieu d'essayer comme moi de se faire dieux eux-mêmes; et quels sont ces fameux philosophes auxquels tu t'es relié? voyons!

—J'ai déjà le plus grand poète et le plus grand athée de l'époque; un de ces jours il doit rentrer en France, d'où il est à peu près exilé, pour se faire recevoir maçon, à la loge que j'organise rue du Pot-de-Fer, dans l'ancienne maison des jésuites.

— Et tu l'appelles ?

— Voltaire.

— Je ne le connais pas ; après, qui as-tu encore ?

— On doit m'aboucher prochainement avec le plus grand remueur d'idées du siècle, avec un homme qui a fait le *Contrat social*.

— Et tu l'appelles ?

— Rousseau.

— Je ne le connais pas.

— Je le crois bien, vous ne connaissez, vous, qu'Alphonse X, Raymond Lulle, Pierre de Tolède, et le grand Albert.

— C'est que ce sont les seuls hommes qui aient réellement vécu, puisque ce sont les seuls qui ont agité, toute leur vie, cette grande question d'être ou de ne pas être.

— Il y a deux façons de vivre, maître.

— Je n'en connais qu'une, moi : c'est d'exister; mais revenons à ces deux philosophes. Tu les appelles, dis-tu?

— Voltaire, Rousseau.

—Bon, je me rappellerai ces noms-là ; et tu prétends, grâce à ces deux hommes...

— M'emparer du présent et saper l'avenir.

—Oh! oh! ils sont donc bien bêtes, dans ce pays-ci, qu'ils se laissent mener avec des idées?

— Au contraire, c'est parce qu'ils ont trop d'esprit que les idées ont plus d'influence sur eux que les faits. Et puis, j'ai un auxiliaire plus puissant que tous les philosophes de la terre.

— Lequel?

— L'ennui. Il y a quelque seize cents ans que la monarchie dure en France, et les Français sont las de la monarchie.

—De sorte qu'ils vont renverser la monarchie?

—Oui.

— Tu crois cela ?

— Sans doute.

— Et tu pousses, tu pousses ?

— De toutes mes forces.

— Imbécile !

— Comment ?

—Que t'en reviendra-t-il, à toi, du renversement de cette monarchie ?

— A moi, rien; mais à tous, le bonheur.

— Voyons, aujourd'hui je suis content, et je veux bien perdre mon temps à te suivre. Explique-moi d'abord comment tu arriveras au bonheur, et ensuite ce que c'est que le bonheur.

— Comment j'arriverai ?

— Oui, au bonheur de tous ou au renversement de la monarchie, ce qui est pour toi l'équivalent du bonheur général. J'écoute.

— Eh bien, un ministère existe en ce moment, qui est le dernier rempart qui défende la monarchie ; c'est un ministère intelligent, industrieux et brave qui pourrait soutenir vingt ans encore, peut-être, cette monarchie usée et chancelante ; ils m'aideront à le renverser.

— Qui cela ? Tes philosophes ?

— Non pas : les philosophes le soutiennent au contraire.

— Comment, tes philosophes soutiennent un ministère qui soutient la monarchie, eux qui sont les ennemis de la monarchie? Oh ! les grands imbéciles que les philosophes!

— C'est que le ministre est un philosophe lui-même.

— Ah ! je comprends, et qu'ils gouvernent dans la personne de ce ministre. Je me trompe à tort, ce ne sont pas des imbéciles, ce sont des égoïstes.

— Je ne veux pas discuter sur ce qu'ils sont, dit Balsamo que l'impatience commençait à gagner, je n'en sais rien ; mais ce que je sais, c'est que, ce ministère renversé, tous crieront haro sur le ministère suivant.

— Ce ministère aura contre lui d'abord les philosophes, puis le parlement ; les philosophes crieront, le parlement criera, le ministère persécutera les philosophes et cassera le parlement. Alors, dans l'intelligence et dans la matière, s'organisera une ligue sourde, une opposition entêtée, tenace, incessante, qui attaquera tout, à toute heure creusera, minera, ébranlera. A la place des parlements, on nommera des juges ; ces juges, nommés par la royauté, feront tout pour la royauté. On les accusera, et à raison, de vénalité, de concussion, d'injustice. Le peuple se soulèvera, et enfin la royauté aura contre elle la philosophie qui est l'intelligence, les parlements qui sont la bourgeoisie, et le peuple qui est le peuple, c'est-à-dire ce levier que cherchait Archimède et avec lequel on soulève le monde.

— Eh bien, quand tu auras soulevé le monde, il faudra bien que tu le laisses retomber.

— Oui, mais, en retombant, la royauté se brisera.

— Et quand elle sera brisée, voyons, je veux bien suivre tes images fausses, parler ta langue emphatique, quand elle sera brisée la royauté vermoulue, que sortira t-il de ses ruines ?

— La liberté.

— Ah ! les Français seront donc libres ?

— Cela ne peut manquer d'arriver un jour.

— Libres tous ?

— Tous.

— Il y aura alors en France trente millions d'hommes libres?

— Oui.

— Et parmi ces trente millions d'hommes libres, tu crois qu'il ne se rencontrera pas un homme un peu mieux fourni de cervelle que les autres, lequel confisquera un beau matin la liberté de ses vingt-neuf millions neuf cent quatre-vingt-dix-neuf mille neuf cent quatre-vingt-dix-neuf concitoyens, pour avoir un peu plus de liberté à lui seul? Te rappelles-tu ce chien que nous avions à Médine, et qui mangeait à lui seul la part de tous les autres?

— Oui, mais un beau jour les autres se sont unis contre lui et l'ont étranglé.

— Parce que c'étaient des chiens ; des hommes n'eussent rien dit.

— Vous mettez donc l'intelligence de l'homme au-dessous de celle du chien, maître ?

— Dam ! les exemples sont là.

— Et quels exemples ?

— Il me semble qu'il y a eu chez les anciens un certain César Auguste, et chez les modernes un certain Olivier Cromwell, qui mordirent ardemment le gâteau romain et le gâteau anglais, sans que ceux auxquels ils l'arrachaient, aient dit ou fait grand'chose contre eux.

—Eh bien, en supposant que cet homme surgisse, cet homme sera mortel, cet homme mourra, et avant de mourir, il aura fait du bien à ceux même qu'il aura opprimés, car il aura changé la nature de l'aristocratie ; obligé de s'appuyer sur quelque chose, il aura choisi la chose la plus forte, c'est-à-dire le peuple. A l'égalité qui abaisse, il aura substitué l'égalité qui élève. L'égalité n'a point de barrière fixe, c'est un niveau qui subit la hauteur de celui qui la fait. Or, en élevant le peuple, il aura consacré un principe inconnu jusqu'à lui. La révolution aura fait les Français libres; le protectorat d'un autre César Auguste ou d'un autre Olivier Cromwell les aura faits égaux.

Althotas fit un brusque mouvement sur son fauteuil.

— Oh! que cet homme est stupide, s'écria-t-il. Occupez donc vingt ans de votre vie à élever un enfant, à essayer de lui apprendre ce que vous savez, pour que cet enfant, à trente ans, vienne vous dire: Les hommes seront égaux!...

—Sans doute, les hommes seront égaux, égaux devant la loi.

—Et devant la mort, imbécile, devant la mort, cette loi des lois, seront-ils égaux, quand l'un mourra à trois jours et quand l'autre mourra à cent ans? Égaux, les hommes égaux, tant que les hommes n'auront pas vaincu la mort! Oh! la brute, la double brute.

Et Althotas se renversa pour rire plus librement, tandis que Balsamo, sérieux et sombre, s'asseyait la tête basse.

Althotas le regarda en pitié.

— Je suis donc l'égal, dit-il, du manœuvre qui mord dans son pain grossier, du bambin qui tette sa nourrice, du vieillard hébété qui boit son petit-lait et pleure ses yeux éteints?... Oh! malheureux sophiste que tu es, réfléchis donc à une chose, c'est que les hommes ne seront égaux que lorsqu'ils seront immortels : car, lorsqu'ils seront immortels, ils seront dieux, et il n'y a que les dieux qui soient égaux.

— Immortels! murmura Balsamo; immortels! chimère.

— Chimère! s'écria Althotas, chimère! oui, chimère comme la vapeur, chimère comme le fluide, chimère comme tout ce qu'on cherche, qu'on n'a pas découvert et qu'on découvrira. Mais remue donc avec moi la poussière des mondes, mets à nu les unes après les autres ces couches superposées qui chacune représentent une civilisation; et dans ces couches humaines, dans ce détritus de royaumes, dans ces filons de siècles, que coupe comme des tranches le fer de l'investigation moderne, que lis-tu? c'est qu'en tout temps les hommes ont cherché ce que je cherche sous les différents titres du mieux, du bien, de la perfection. Et quand cherchaient-ils cela? Au temps d'Homère, où les hommes vivaient deux cents ans; au temps des patriarches, quand ils vivaient huit siècles. Ils ne l'ont pas trouvé, ce mieux, ce bien, cette perfection : car, s'ils l'eussent trouvé, ce monde décrépit, ce monde serait frais, vierge et rose comme l'aube matinale. Au lieu de cela, la souffrance, le cadavre, le fumier. Est-ce doux, la souffrance? est-ce beau, le cadavre? est-ce désirable, le fumier?

— Eh bien, dit Balsamo, répondant au vieillard qu'une petite toux sèche venait d'interrompre, eh bien, vous dites que personne n'a trouvé encore cet élixir de vie. Je vous dis, moi, que personne ne le trouvera. Confessez Dieu.

— Niais! personne n'a trouvé tel secret, donc personne ne le trouvera. A ce compte, il n'y aurait jamais eu de découvertes. Or, crois-tu que les découvertes soient des choses nouvelles qu'on invente? Non, ce sont des choses oubliées qu'on retrouve. Et pourquoi les choses une fois trouvées s'oublient-elles? Parce que la vie est trop courte pour que l'inventeur puisse tirer de son invention toutes les déductions qu'elle enferme. Vingt fois, cet élixir de vie, on a failli le trouver. Crois-tu que le Styx soit une imagination d'Homère? Crois-tu que cet Achille presque immortel, puisqu'il n'est vulnérable qu'au talon, soit une fable? Non, Achille était l'élève de Chiron comme tu es le mien. Chiron veut dire supérieur ou pire. Chiron était un savant qu'on représente sous la forme d'un centaure, parce que sa science avait doué l'homme de la force et de la légèreté du cheval. Eh bien, il avait à peu près trouvé l'élixir d'immortalité, lui aussi. Il ne lui manquait peut-être à lui aussi, comme à moi, que ces trois gouttes de sang que tu me refuses. Ces trois gouttes de sang absentes ont rendu Achille vulnérable au talon; la mort a trouvé un passage, elle est entrée. Oui, je le répète, Chiron, l'homme universel, l'homme supérieur, l'homme pire, n'est qu'un autre Althotas, empêché par un autre Acharat de compléter l'œuvre qui eût sauvé l'humanité tout entière, en l'arrachant à l'effet de la malédiction divine. Eh bien, qu'as-tu à dire à cela?

— Je dis, répondit Balsamo, visiblement ébranlé, je dis que j'ai mon œuvre et que vous avez la vôtre. Accomplissons-la, chacun de notre côté, et à nos risques et à nos périls. Je ne vous seconderai pas par un crime.

— Par un crime ?

— Oui, et quel crime encore ; un de ceux qui lancent après vous toute une population aboyante; un crime qui vous fait accrocher à ces potences infâmes dont votre science n'a pas encore plus garanti les hommes supérieurs que les hommes pires.

Althotas frappa de ses deux mains sèches sur la table de marbre.

— Voyons, voyons, dit-il, ne sois pas un idiot humanitaire, la pire race d'idiots qui existe au monde. Voyons, viens, et causons un peu de la loi, de ta brutale et absurde loi écrite par des animaux de ton espèce, que révolte une goutte de sang versée intelligemment, mais qu'affriandent des torrents de liqueur vitale répandus sur les places publiques, au pied des remparts des villes, dans ces plaines qu'on appelle des champs de bataille; de ta loi toujours inepte et égoïste qui sacrifie l'homme de l'avenir à l'homme présent, et qui a pris pour devise: Vive aujourd'hui, meure demain! — Causons de cette loi, veux-tu?

— Dites ce que vous avez à dire ; je vous écoute, répondit Balsamo de plus en plus sombre.

— As-tu un crayon, une plume? nous allons faire un petit calcul.

— Je calcule sans plume et sans crayon. Dites ce que vous avez à dire, dites.

— Voyons ton projet. Oh ! je me le rappelle... tu renverses un ministère, tu casses les parlements, tu établis des juges iniques, tu amènes une banqueroute, tu fomentes des révoltes, tu allumes une révolution, tu renverses une monarchie, tu laisses s'élever un protectorat, et tu précipites le protecteur.

La révolution t'aura donné la liberté.

Le protectorat, l'égalité.

Or, les Français étant libres et égaux, ton œuvre est accomplie. N'est-ce pas cela?

— Oui : regardez-vous la chose comme impossible?

— Je ne crois pas à l'impossibilité. Tu vois que je te fais beau jeu, moi!

— Eh bien?

—Attends; d'abord, la France n'est pas comme l'Angleterre, où l'on fit tout ce que tu veux faire, plagiaire que tu es, la France n'est pas une terre isolée où l'on puisse renverser les ministères, casser les parlements, établir des juges iniques, amener une banqueroute, fomenter des révoltes, allumer des révolutions, renverser des monarchies, élever des protectorats et culbuter les protecteurs, sans que les autres nations se mêlent un peu de ces mouvements. La France est soudée à l'Europe, comme le foie aux entrailles de l'homme ; elle a des racines chez toutes les nations, des fibres chez tous les peuples ; essaie d'arracher le foie à cette grande machine qu'on appelle le continent européen, et pendant vingt ans, trente ans, quarante ans, peut-être, tout le corps frémira; mais je cote au plus bas, et je prends vingt ans, est-ce trop? réponds, sage philosophe.

— Non, ce n'est pas trop, dit Balsamo, ce n'est pas même assez.

— Eh bien, moi, je m'en contente. Vingt ans de guerre, de lutte acharnée, mortelle, incessante ; voyons, je mets cela à deux cent mille morts par année, ce n'est pas trop quand on se bat à la fois en Allemagne, en Italie, en Espagne, que sais-je moi, deux cent mille hommes par année, pendant vingt ans, cela fait quatre millions d'hommes ; en accordant à chaque homme dix-sept livres de sang, c'est à peu près le compte de la nature, cela fait, multipliez 17 par 4, voyons... cela fait soixante-huit millions de livres de sang versé pour arriver à ton but.

Moi, je t'en demandais trois gouttes. Dis maintenant quel est le fou, le sauvage, le cannibale de nous deux?—Eh bien, tu ne réponds pas?

— Si fait, maître, je vous réponds que ce ne serait rien, trois gouttes de sang, si vous étiez sûr de réussir.

— Et toi, toi, qui en répands soixante-huit millions de livres, es-tu sûr, dis; alors lève-toi, et la main sur ton cœur, réponds : Maître, moyennant ces quatre millions de cadavres, je garantis le bonheur de l'humanité.

— Maître, dit Balsamo en éludant la réponse, maître, au nom du ciel cherchez autre chose.

— Ah! tu ne réponds pas, tu ne réponds pas? s'écria Althotas triomphant.

— Vous vous abusez, maître, sur l'efficacité du moyen, il est impossible.

— Je crois que tu me conseilles, je crois que tu me nies, je crois que tu me démens, dit Althotas roulant, avec une froide colère, ses yeux gris sous ses sourcils blancs.

— Non, maître; mais je réfléchis, moi qui vis chacun de mes jours en contact avec les choses de ce monde, en contradiction avec les hommes, en lutte avec les princes, et non pas, comme vous, séquestré dans un coin, indifférent à tout ce qui se passe, à tout ce qui se défend, ou à tout ce qui s'autorise, pure abstraction du savant et du citateur; moi, enfin, qui sais les difficultés, je les signale, voilà tout.

— Ces difficultés, tu les vaincrais bien vite, si tu voulais.

— Dites, si je croyais.

— Tu ne crois donc pas?

— Non, dit Balsamo.

— Tu me tentes, tu me tentes, s'écria Althotas.

— Non, je doute.

— Eh bien, voyons; crois-tu à la mort?

— Je crois à ce qui est. Or, la mort *est*.

Althotas haussa les épaules.

— Donc, la mort *est*, dit-il; c'est un point que tu ne contestes pas?

— C'est une chose incontestable.

— C'est une chose infinie, invincible,

n'est-ce pas? ajouta le vieux savant avec un sourire qui fit frissonner son adepte.

— Oh! oui, maître, invincible, infinie surtout.

— Et quand tu vois un cadavre, la sueur te monte au front, le regret te vient au cœur?

—La sueur ne me monte pas au front, parce que je suis familiarisé avec toutes les misères humaines; le regret ne me vient pas au cœur, parce que j'estime la vie peu de chose; mais je me dis en présence du cadavre : Mort! mort! tu es puissante comme Dieu! tu règnes souverainement, ô mort ! et nul ne prévaut contre toi !

Althotas écouta Balsamo en silence, et sans donner d'autre signe d'impatience que de tourmenter un scalpel entre ses doigts; et lorsque son élève eut achevé la phrase douloureuse et solennelle, le vieillard jeta en souriant un regard autour de lui ; et ses yeux, si ardents qu'il semblait que pour eux la nature ne devait point avoir de secrets, ses yeux s'arrêtèrent sur un coin de la salle où, couché sur quelques brins de paille, tremblait un pauvre chien noir, le seul qui restât de trois animaux de la même espèce qu'Althotas avait demandés pour ses expériences, et que Balsamo lui avait fait apporter.

— Prends ce chien, dit Althotas à Balsamo, et apporte-le sur cette table.

Balsamo obéit; il alla prendre le chien noir, et l'apporta sur le marbre.

L'animal, qui semblait pressentir sa destinée, et qui déjà sans doute s'était rencontré sous la main de l'expérimentateur, se mit à frissonner, à se débattre et à hurler lorsqu'il sentit le contact du marbre.

— Eh! eh! dit Althotas, tu crois à la vie, n'est-ce pas, puisque tu crois à la mort?

— Sans doute.

— Voilà un chien qui me paraît très-vivant, qu'en dis-tu?

— Assurément, puisqu'il crie, puisqu'il se débat, puisqu'il a peur.

— Que c'est laid les chiens noirs; tâche, la première fois, de m'en procurer de blancs.

— J'y tâcherai.

— Ah! nous disons donc que celui-ci est vivant! Aboie, petit, ajouta le vieillard avec son rire lugubre, aboie, pour convaincre le seigneur Acharat que tu es vivant.

Et il toucha le chien du doigt sur un certain muscle, et le chien aboya, ou plutôt gémit aussitôt.

— Bon, avance la cloche; c'est cela: introduis le chien dessous, là. A propos, j'oubliais de te demander à quelle mort tu crois le mieux.

— Je ne sais ce que vous voulez dire, maître; la mort est la mort.

— C'est juste, très-juste, ce que tu viens de me dire là, et c'est mon avis à moi aussi. Eh bien, puisque la mort est la mort, fais le vide, Acharat.

Balsamo tourna une roue qui dégagea

par un tuyau l'air enfermé sous la cloche avec le chien, et peu à peu l'air s'enfuit avec un sifflement aigu. Le petit chien s'inquiéta d'abord, puis il chercha, fouilla, leva la tête, respira bruyamment et précipitamment, et enfin il tomba suffoqué, gonflé, inanimé.

— Voilà le chien mort d'apoplexie; n'est-ce pas, dit Althotas, une belle mort qui ne fait pas souffrir longtemps?

— Oui.

— Il est bien mort?

— Sans doute.

— Tu ne me parais pas bien convaincu, Acharat ?

— Si fait, au contraire.

— Oh! c'est que tu connais mes ressources, n'est-ce pas ? Tu supposes que j'ai trouvé l'insufflation, hein ? cet autre problème qui consiste à faire circuler la vie avec l'air, dans un corps intact, comme on le peut faire dans une outre qui n'est pas percée?

— Non, je ne suppose rien ; je crois que le chien est mort, voilà tout.

— N'importe, pour plus grande sécurité, nous allons le tuer deux fois. Lève la cloche, Acharat.

Acharat enleva l'appareil de cristal ; le chien ne bougea point, ses paupières étaient closes, son cœur ne battait plus.

— Prends ce scalpel, et, tout en laissant le larynx intact, tranche-lui la colonne vertébrale.

— C'est uniquement pour vous obéir.

— Et aussi pour achever le pauvre animal, au cas où il ne serait pas tout à fait mort, répondit Althotas avec ce sourire d'opiniâtreté particulier aux vieillards.

Balsamo donna un seul coup de la lame

tranchante ; l'incision sépara la colonne vertébrale, à deux pouces du cervelet à peu près, et ouvrit une large plaie sanglante.

L'animal, ou plutôt le cadavre de l'animal, demeura immobile.

— Oui, ma foi, il était bien mort, dit Althotas, pas une fibre ne tressaille, pas un muscle ne frémit, pas un atome de chair ne s'insurge contre ce nouvel attentat. N'est-ce pas, il est mort et bien mort?

— Je le reconnais autant de fois que vous désirerez que je le reconnaisse, dit Balsamo impatient.

— Et voilà un animal inerte, glacé, à jamais immobile. Rien ne prévaut contre la mort, as-tu dit. Nul n'a la puissance de rendre la vie ni même l'apparence de la vie à la pauvre bête ?

— Nul, si ce n'est Dieu !

— Oui; mais Dieu ne sera pas assez inconséquent pour le faire. Quand Dieu tue, comme il est la suprême sagesse, c'est qu'il a une raison ou un bénéfice à tuer. Un assassin, je ne sais plus comment on l'appelle, un assassin disait cela, et c'était fort bien dit. La nature a un intérêt dans la mort.

— Ainsi voilà un chien aussi mort que

possible, et la nature a pris son intérêt sur lui.

Althotas attacha son œil perçant sur Balsamo. Celui-ci, fatigué d'avoir soutenu si longtemps le radotage du vieillard, inclina la tête pour toute réponse.

— Eh bien, que diras-tu, continua Althotas, si ce chien ouvrait l'œil et te regardait ?

— Cela m'étonnerait beaucoup, maître, répondit Balsamo en souriant.

— Cela t'étonnerait ? Ah ! c'est bien heureux !

En achevant ces paroles avec son rire

faux et lugubre, le vieillard attira près du chien un appareil composé de pièces de métal, séparées par des tampons de drap; le centre de cet appareil trempait dans un mélange d'eau acidulée; les deux extrémités ou les deux pôles, comme on les appelle, sortaient du baquet.

— Quel œil veux-tu qu'il ouvre, Acharat? demanda le vieillard.

— Le droit.

Les deux extrémités rapprochées, mais séparées l'une de l'autre par un morceau de soie, s'arrêtèrent sur un muscle du cou.

Aussitôt l'œil droit du chien s'ouvrit, et

regarda fixement Balsamo, qui recula effrayé.

— Maintenant passons à la gueule, veux-tu ?

Balsamo ne répondit rien, il était sous l'empire d'un profond étonnement.

Althotas toucha un autre muscle, et à la place de l'œil, qui s'était refermé, ce fut la gueule qui s'ouvrit, laissant voir les dents blanches et aiguës, à la racine desquelles la gencive rouge frémissait comme dans la vie.

Balsamo eut peur et ne put cacher son émotion.

— Oh ! voilà qui est étrange, dit-il.

— Vois comme la mort est peu de chose, dit Althotas triomphant de la stupéfaction de son élève, puisqu'un pauvre vieillard comme moi, qui va lui appartenir bientôt, la fait dévier de son inexorable chemin.

Et tout à coup, avec un rire strident et nerveux :

— Prends garde, Acharat, dit-il, voilà un chien mort qui tout à l'heure voulait te mordre, et qui maintenant va courir après toi ; prends garde.

Et en effet, le chien, avec son col tranché, sa gueule béante et son œil tressaillant, se leva soudain sur ses quatre pattes, et, la tête hideusement pendante, vacilla sur ses jambes.

Balsamo sentit ses cheveux se hérisser ; la sueur lui tomba du front, et il alla à reculons se coller contre la porte d'entrée, incertain s'il devait fuir ou demeurer.

— Allons, allons, je ne veux pas te faire mourir de peur en essayant de t'instruire, dit Althotas repoussant le cadavre et la machine ; assez d'expériences comme cela.

Aussitôt le cadavre, cessant d'être en rapport avec la pile, retomba morne et immobile comme auparavant.

— Aurais-tu cru cela de la mort, Acharat, et la croyais-tu d'aussi bonne composition, dis ?

— Étrange, en effet, étrange dit Balsamo en se rapprochant.

— Tu vois qu'on peut arriver à ce que je disais, mon enfant, et que le premier pas est fait. Qu'est-ce que prolonger la vie, quand on est déjà parvenu à annuler la mort !

— Mais on ne le sait pas encore, objecta Balsamo, car cette vie que vous lui avez rendue est une vie factice.

— Ayons du temps, et nous retrouverons la vie réelle. N'as-tu pas lu dans les poëtes romains que Cassidée rendait la vie aux cadavres ?

— Dans les poëtes, oui.

— Les Romains appelaient les poëtes *vates,* mon ami, n'oublie pas cela.

— Voyons, dites-moi cependant...

— Une objection encore ?

— Oui.

— Si votre élixir de vie était composé et que vous en fissiez prendre à ce chien, il vivrait donc éternellement ?

— Sans doute.

— Et s'il tombait dans les mains d'un expérimentateur comme vous, qui l'égorgeât?

— Bon, bon, s'écria le vieillard avec joie et en frappant ses deux mains l'une contre l'autre, voilà où je t'attendais.

— Alors, si vous m'attendiez là, répondez-moi.

— Je ne demande pas mieux.

— L'élixir empêchera-t-il une cheminée de tomber sur une tête, une balle de percer un homme d'outre en outre, un cheval d'ouvrir d'un coup de pied le ventre de son cavalier?

Althotas regardait Balsamo du même

œil qu'un spadassin doit regarder son adversaire dans un coup qui va lui permettre de le toucher.

— Non, non, non, dit-il, et tu es vraiment logicien, mon cher Acharat. Non la cheminée, non la balle, non le coup de pied de cheval, ne pourront pas être évités tant qu'il y aura des maisons, des fusils et des chevaux.

— Il est vrai que vous ressusciterez les morts.

— Momentanément, oui; indéfiniment, non. Il faudrait d'abord pour cela que je trouvasse l'endroit du corps où l'âme est logée, et cela pourrait être un peu long ; mais j'empêcherai cette âme de sortir du corps par la blessure qui aura été faite.

— Comment cela ?

— En la refermant.

— Même si cette blessure tranche une artère ?

— Sans doute.

— Ah ! je voudrais voir cela.

— Eh bien, regarde, dit le vieillard.

Et avant que Balsamo eût pu l'arrêter,

il se piqua la veine du bras gauche avec une lancette.

Il restait si peu de sang dans le corps du vieillard, et ce sang roulait si lentement qu'il fut quelque temps à venir aux lèvres de la plaie; mais enfin il y vint, et ce passage ouvert, il sortit bientôt abondamment.

— Grand Dieu! s'écria Balsamo.

— Eh bien, quoi? dit Althotas.

— Vous êtes blessé, et grièvement.

— Puisque tu es comme saint Thomas et que tu ne crois qu'en voyant et qu'en touchant, il faut bien te faire voir, il faut bien te faire toucher.

Il prit alors une petite fiole qu'il avait placée à la portée de sa main, et en versant quelques gouttes sur la plaie :

— Regarde, dit-il.

Alors, devant cette eau presque magique, le sang s'écarta, la chair se resserra, fermant la veine, et la blessure devint une piqûre trop étroite pour que cette chair coulante qu'on appelle le sang pût s'en échapper.

Cette fois Balsamo regardait le vieillard avec stupéfaction.

— Voilà encore ce que j'ai trouvé ; qu'en dis-tu, Acharat?

— Oh ! je dis, maître, que vous êtes le plus savant des hommes.

— Et que si je n'ai pas vaincu tout à fait la mort, n'est-ce pas, je lui ai du moins porté un coup dont il lui sera difficile de se relever. Vois-tu, mon fils, le corps humain a des os fragiles et qui peuvent se briser : je rendrai ces os aussi durs que l'acier; le corps humain a du sang qui, lorsqu'il s'échappe, emmène avec lui la vie : j'empêcherai que le sang ne sorte du corps; la chair est molle et facile à entamer, je la rendrai invulnérable comme celle des paladins du moyen âge, sur laquelle s'émoussait le fil des épées et le tranchant des haches : il ne faut pour cela qu'un Althotas qui vive trois cents ans. Eh bien, donne-moi ce que je te demande, et j'en vivrai mille. Oh ! mon cher Acharat, cela dépend de toi. Rends-moi ma jeunesse, rends-moi la vigueur de mon corps, rends-moi la fraîcheur de mes idées. et tu verras si je crains l'épée, la balle, le mur qui croule, ou la bête brute qui mord ou qui rue. A ma quatrième jeunesse, Acharat, c'est-à-dire avant que j'aie vécu l'âge de quatre hommes, j'aurai renouvelé la face de la terre, et, je te le dis, j'aurai fait, pour moi et pour l'humanité régénérée, un monde à mon usage, un monde sans cheminées, sans épées, sans balles de mousquet, sans chevaux qui ruent; car alors, les hommes comprendront qu'il vaut mieux, vivre, s'entr'aider, s'aimer, que de se déchirer et de se détruire.

— C'est vrai, ou du moins c'est possible, maître.

— Eh bien, apporte-moi l'enfant, alors.

— Laissez-moi réfléchir encore, et réfléchissez vous-même.

Althotas lança à son adepte un regard de souverain mépris.

— Va! dit-il, va je te convaincrai plus

tard; et d'ailleurs, le sang de l'homme n'est pas un ingrédient si précieux qu'il ne puisse se remplacer peut-être par une autre matière. Va! je chercherai, je trouverai. Je n'ai pas besoin de toi, va!

Balsamo frappa du pied la trappe, et descendit dans l'appartement inférieur, muet, immobile, et tout courbé sous le génie de cet homme, qui forçait de croire aux choses impossibles, en faisant lui-même des choses impossibles.

V

Les renseignements.

Cette nuit si longue, si fertile en événements et que nous avons promenée, comme le nuage des dieux mythologiques, de Saint-Denis à la Muette, de la Muette à la rue Coq-Héron, de la rue Coq-Héron à la rue Plastrière, et de la rue Plastrière à la rue Saint-Claude, cette nuit, madame Dubarry l'avait employée à essayer de pétrir l'esprit du roi, selon ses vues, d'une politique nouvelle.

Elle avait surtout beaucoup insisté sur le danger qu'il y aurait à laisser les Choiseul gagner du terrain auprès de la Dauphine.

Le roi avait répondu, en haussant les épaules, que madame la Dauphine était une enfant et M. de Choiseul un vieux ministre; qu'en conséquence il n'y avait pas de danger, attendu que l'une ne saurait pas travailler et que l'autre ne saurait pas amuser.

Puis, enchanté de ce bon mot, le roi avait coupé court aux explications.

Il n'en avait pas été de même de madame Dubarry, qui avait cru remarquer des distractions chez le roi.

Louis XV était coquet. Son grand bonheur consistait à donner de la jalousie à ses maîtresses, pourvu cependant que cette jalousie ne se traduisît point par des querelles et des bouderies trop prolongées.

Madame Dubarry était jalouse, d'abord, par amour-propre, ensuite par crainte. Sa position lui avait donné trop de peine à conquérir, et la position élevée où elle se trouvait était trop éloignée de son point de départ, pour qu'elle osât, comme madame de Pompadour, tolérer d'autres maîtresses au roi, et lui en chercher même quand Sa Majesté paraissait s'ennuyer, ce qui, on le sait, lui arrivait souvent.

Donc, madame Dubarry étant jalouse, comme nous l'avons dit, elle voulut connaître à fond les causes de la distraction du roi.

Le roi répondit ces paroles mémorables, dont il ne pensait pas un seul mot :

— Je m'occupe beaucoup du bonheur de ma bru, et je ne sais vraiment si monsieur le Dauphin lui donnera le bonheur.

— Et pourquoi pas, sire?

— Parce que monsieur Louis, à Compiègne, à Saint-Denis et à la Muette, m'a paru regarder beaucoup les autres femmes et très-peu la sienne.

—En vérité, sire, si Votre Majesté elle-même ne me disait une pareille chose, je ne le croirais pas : madame la Dauphine est jolie, cependant.

— Elle est un peu maigre.

— Elle est si jeune !

— Bon, voyez mademoiselle de Taverney, elle a l'âge de l'archiduchesse.

— Eh bien?

— Eh bien, elle est parfaitement belle.

Un éclair brilla dans les yeux de la comtesse et avertit le roi de son étourderie.

— Mais vous-même, chère comtesse, reprit vivement le roi, vous qui parlez, à seize ans vous étiez ronde, j'en suis sûr, comme les bergères de notre ami Boucher.

Cette petite adulation raccommoda un peu les choses, cependant le coup avait porté.

Aussi madame Dubarry prit-elle l'offensive en minaudant :

— Ah! ça, dit-elle, elle est donc bien belle, cette demoiselle de Taverney?

— Eh! le sais-je? dit Louis XV.

— Comment! vous la vantez et vous ne savez pas, dites-vous, si elle est belle?

— Je sais qu'elle n'est pas maigre, voilà tout.

— Donc vous l'avez vue et examinée.

— Ah! chère comtesse, vous me poussez dans des traquenards. Vous savez que j'ai la vue basse. Une masse me frappe, au diable les détails. Chez madame la Dauphine j'ai vu des os, voilà tout.

—Et chez mademoiselle de Taverney, vous avez vu des masses, comme vous dites; car madame la Dauphine est une beauté distinguée, et mademoiselle de Taverney est une beauté vulgaire.

— Allons donc! dit le roi; à ce compte, Jeanne, vous ne seriez donc pas une beauté distinguée? Vous vous moquez, je crois.

— Bon, un compliment, dit tout bas la comtesse; malheureusement ce compliment sert d'enveloppe à un autre compliment qui n'est point pour moi.

Puis, tout haut :

— Ma foi, dit-elle, je serais bien contente que madame la Dauphine se choisît des dames d'honneur un peu ragoûtantes; c'est affreux une cour de vieilles femmes.

— A qui le dites-vous? chère amie. Je le répétais encore hier au Dauphin; mais la chose lui est indifférente, à ce mari-là.

— Et pour commencer, tenez, si elle prenait cette demoiselle de Taverney?

— Mais on la prend, je crois, répondit Louis XV.

— Ah! vous savez cela, sire?

— Je crois l'avoir entendu dire, du moins.

— C'est une fille sans fortune.

— Oui, mais elle est née. Ces Taverney-Maison-Rouge sont de bonne maison, et d'anciens serviteurs.

— Qui les pousse?

— Je n'en sais rien. Mais je les crois gueux, comme vous dites.

—Alors ce n'est pas M. de Choiseul, car ils crèveraient de pensions.

— Comtesse, comtesse, ne parlons pas politique, je vous en supplie.

— C'est donc parler politique de dire que les Choiseul vous ruinent ?

— Certainement, dit le roi.

Et il se leva.

Une heure après, Sa Majesté avait regagné le grand Trianon, toute joyeuse d'avoir inspiré de la jalousie ; mais en redisant à demi-voix, comme eût pu le faire M. de Richelieu à trente ans :

— En vérité, c'est bien ennuyeux les femmes jalouses.

Aussitôt le roi parti, madame Dubarry se leva à son tour et passa dans son boudoir, où l'attendait Chon, impatiente de savoir des nouvelles.

— Eh bien, dit-elle, tu as eu un fier succès ces jours-ci : présentée avant-hier à la Dauphine, admise à sa table hier.

— C'est vrai. Eh bien, la belle affaire!

— Comment la belle affaire ? Sais-tu qu'il y a à cette heure cent voitures courant après ton sourire du matin sur la route de Luciennes ?

— J'en suis fâchée.

— Pourquoi cela ?

— Parce que c'est du temps perdu ; ni voitures ni gens n'auront mon sourire ce matin.

— Oh ! oh ! comtesse, le temps est à l'orage ?

— Oui, ma foi ! Mon chocolat, vite mon chocolat.

Chon sonna.

Zamore parut.

— Mon chocolat, fit la comtesse.

Zamore partit lentement, comptant ses pas et faisant le gros dos.

— Ce drôle-là veut donc me faire mourir de faim ! cria la comtesse ; cent coups de fouet, s'il ne court pas.

— Moi pas courir, moi gouverneur ! dit majestueusement Zamore.

— Ah ! toi gouverneur ! dit la comtesse, saisissant une petite cravache à pomme de vermeil, destinée à maintenir la paix entre

les épagneuls et les griffons de la comtesse :
Ah! toi gouverneur! attends, attends, tu vas voir, gouverneur.

Zamore, à cette vue, prit sa course en ébranlant toutes les cloisons et en poussant de grands cris.

— Mais vous êtes féroce aujourd'hui, Jeanne, dit Chon.

— J'en ai le droit, n'est-ce pas?

— Oh! à merveille. Mais je vous laisse, ma chère.

— Pourquoi cela?

— J'ai peur que vous ne me dévoriez.

Trois coups retentirent à la porte du boudoir.

— Bon, qui frappe maintenant ? dit la comtesse avec impatience.

— Celui-là va être bien reçu, murmura Chon.

— Il vaudrait mieux que je fusse mal reçu, moi, dit Jean en poussant la porte avec une ampleur toute royale.

— Eh bien, qu'arriverait-il si vous étiez mal reçu, car enfin ce serait possible ?

— Il arriverait, dit Jean, que je ne reviendrais plus.

— Après ?

— Et que vous auriez plus perdu que moi à me mal recevoir.

— Impertinent !

— Bon, voilà que l'on est impertinent parce qu'on n'est pas flatteur. — Qu'a-t-elle donc ce matin, grande Chon ?

— Ne m'en parle pas, Jean, elle est inabordable. Ah ! voilà le chocolat.

— Eh bien, ne l'abordons pas. — Bonjours mon chocolat, dit Jean en prenant le plateau ; comment te portes-tu, mon chocolat ?

Et il alla poser le plateau dans un coin sur une petite table devant laquelle il s'assit.

— Viens, Chon, dit-il, viens; ceux qui sont trop fiers n'en auront pas.

— Ah ! vous êtes charmants, vous autres, dit la comtesse, voyant Chon faire signe de la tête à Jean qu'il pouvait déjeuner tout seul : vous faites les susceptibles et vous ne voyez pas que je souffre.

— Qu'as-tu donc? demanda Chon en se rapprochant.

— Non, s'écria la comtesse ; mais c'est

qu'il n'y en a pas un d'eux qui songe à ce qui m'occupe.

— Et quelle chose vous occupe donc, dites ?

Jean ne bougea point ; il faisait ses tartines.

— Manquerais-tu d'argent ? demanda Chon.

— Oh ! quant à cela, dit la comtesse, le roi en manquera avant moi.

— Alors, prête-moi mille louis, dit Jean ; j'en ai grand'besoin.

— Mille croquignoles sur votre gros nez rouge.

— Le roi garde donc décidément cet abominable Choiseul? demanda Chon.

— Belle nouvelle, vous savez bien qu'ils sont inamovibles.

— Alors il est donc amoureux de la Dauphine?

— Ah! vous vous rapprochez, c'est heureux; mais voyez donc ce butor, qui se crève de chocolat, et qui ne remue pas seulement le petit doigt pour venir à mon secours. Oh! ces deux êtres-là me feront mourir de chagrin.

Jean, sans s'occuper le moins du monde de l'orage grondant derrière lui, fendit un second pain, le bourra de beurre et se versa une seconde tasse.

— Comment ! le roi est amoureux ? s'écria Chon.

Madame Dubarry fit un signe de tête qui voulait dire :

— Vous y êtes.

— Et de la Dauphine, continua Chon en joignant les mains. Eh bien, tant mieux, il ne sera pas incestueux, je suppose, et vous voilà tranquille; mieux vaut qu'il soit amoureux de celle-là que d'une autre.

— Et s'il n'est pas amoureux de celle-là, mais d'une autre ?

— Bon! fit Chon en pâlissant. Oh! mon Dieu, mon Dieu, que me dis-tu là ?

— Bon! trouve-toi mal maintenant, il ne nous manque plus que cela.

— Ah ! mais s'il en est ainsi, murmura Chon, nous sommes perdus, et tu souffres cela, Jeanne. Mais de qui donc est-il amoureux ?

— Demande-le à monsieur ton frère, qui est violet de chocolat et qui va étouffer ici ; il te le dira, lui, car il le sait, ou du moins il s'en doute.

Jean leva la tête.

— On me parle ? dit-il.

— Oui, monsieur l'empressé, oui, monsieur l'utile, dit Jeanne, on vous demande le nom de la personne qui occupe le roi.

Jean se remplit hermétiquement la bouche, et, avec un effort qui leur donna péniblement passage. il prononça ces trois mots :

— Mademoiselle de Taverney.

— Mademoiselle de Taverney ! cria Chon. Ah ! miséricorde.

— Il le sait, le bourreau, hurla la comtesse, en se renversant sur le dossier de son fauteuil et en levant les bras au ciel, il le sait et il mange !

— Oh! fit Chon quittant visiblement le parti de son frère pour passer dans le camp de sa sœur.

— En vérité, s'écria la comtesse, je ne sais à quoi tient que je ne lui arrache pas ses deux gros vilains yeux tout bouffis encore de sommeil, le paresseux.—Il se lève, ma chère, il se lève.

— Vous vous trompez, dit Jean, je ne me suis pas couché.

— Et qu'avez-vous fait alors, gourgandinier?

— Ma foi! dit Jean, j'ai couru toute la nuit et toute la matinée.

— Quand je le disais... Oh ! qui me servira mieux que l'on ne me sert ? qui me dira ce que cette fille est devenue, où elle est ?

— Où elle est ? demanda Jean.

— Oui.

— A Paris, pardieu !

— A Paris ?... Mais où cela, à Paris ?

— Rue Coq-Héron.

— Qui vous l'a dit ?

— Le cocher de sa voiture, que j'attendais aux écuries, et que j'ai interrogé.

— Et il vous a dit ?

— Qu'il venait de conduire tous les Taverney dans un petit hôtel de la rue Coq-Héron, situé dans un jardin et attenant à l'hôtel d'Armenonville.

— Ah ! Jean, Jean, s'écria la comtesse, voilà qui me raccommode avec vous, mon ami ; mais ce sont des détails qu'il nous faudrait. Comment vit-elle, qui voit-elle, que fait-elle ? Reçoit-elle des lettres ? Voilà ce qu'il est important de savoir.

— Eh bien, on le saura.

— Et comment?

— Ah! voilà, comment? J'ai cherché, moi, cherchez un peu à votre tour.

—Rue Coq-Héron? dit vivement Chon.

— Rue Coq-Héron, répéta flegmatiquement Jean.

— Eh bien, rue Coq-Héron, il doit y avoir des appartements à louer.

— Oh ! excellente idée ! s'écria la comtesse. Il faut vite courir rue Coq-Héron, Jean, louer une maison. On y cachera quelqu'un ; ce quelqu'un verra entrer, verra sortir, verra manœuvrer. Vite, vite, la voiture ! et allons rue Coq-Héron.

— Inutile, il n'y a pas d'appartements à louer rue Coq-Héron.

— Et comment savez-vous cela?

— Je m'en suis informé, parbleu! mais il y en a...

— Où cela? voyons.

— Rue Plastrière.

— Qu'est-ce que cela, rue Plastrière?

— Qu'est-ce que c'est que la rue Plastrière?

— Oui.

— C'est une rue dont les derrières donnent sur les jardins de la rue Coq-Héron.

— Eh bien, vite, vite! dit la comtesse, louons un appartement rue Plastrière.

— Il est loué, dit Jean.

— Homme admirable! s'écria la comtesse. Tiens, embrasse-moi, Jean.

Jean s'essuya la bouche, embrassa madame Dubarry sur les deux joues, et lui fit une cérémonieuse révérence en signe de remercîment de l'honneur qu'il venait de recevoir.

— C'est bien heureux! dit Jean.

— On ne vous a pas reconnu, surtout?

— Qui diable voulez-vous qui me reconnaisse, rue Plastrière?

— Et vous avez loué?

— Un petit appartement dans une maison borgne.

— On a dû vous demander pour qui?

— Sans doute.

— Et qu'avez-vous répondu?

— Pour une jeune veuve. Es-tu veuve, Chon?

— Parbleu! dit Chon.

— A merveille, dit la comtesse; c'est Chon qui s'installera dans l'appartement; c'est Chon qui guettera, qui surveillera; mais il ne faut pas perdre de temps.

— Aussi vais-je partir tout de suite, dit Chon. — Les chevaux! les chevaux!

— Les chevaux! cria madame Dubarry en sonnant de façon à réveiller le palais tout entier de la Belle au Bois-Dormant.

Jean et la comtesse savaient à quoi s'en tenir sur le compte d'Andrée.

Elle avait, rien qu'en paraissant, éveillé l'attention du roi: donc Andrée était dangereuse.

— Cette fille, dit la comtesse tandis qu'on attelait, ne serait pas une vraie provinciale, si, de son pigeonnier, elle n'avait amené à Paris quelque amoureux transi; découvrons cet amoureux, et vite un mariage! Rien ne refroidira le roi comme un mariage! entre amoureux de province.

— Diable! au contraire, fit Jean; défions-nous. C'est pour Sa Majesté très-chrétienne, et vous le savez mieux que personne, comtesse, un morceau très-friand qu'une jeune mariée; mais une fille ayant un amant contrarierait bien davantage Sa Majesté.

— Le carrosse est prêt, dit-il.

Chon s'élança, après avoir serré la main de Jean, après avoir embrassé sa sœur.

— Et Jean, pourquoi ne l'emmenez-vous pas? dit la comtesse.

— Non pas, j'irai de mon côté, répondit Jean. Attends-moi rue Plastrière, Chon. Je serai la première visite que tu recevras dans ton nouveau logement.

Chon partit, Jean se remit à table et avala une troisième tasse de chocolat.

Chon toucha d'abord à l'hôtel de famille, changea d'habit et s'étudia à prendre des airs bourgeois. Puis, lorsqu'elle fut contente d'elle, elle enveloppa d'un maigre mantelet de soie noire ses épaules aristocratiques, fit avancer une chaise à porteurs, et une demi-heure après, elle montait avec mademoiselle Sylvie un roide escalier conduisant à un quatrième étage.

C'était à ce quatrième étage qu'était situé ce bienheureux logement retenu par le vicomte.

Comme elle arrivait au palier du second étage, Chon se retourna ; quelqu'un la suivait.

C'était la vieille propriétaire, habitant le premier, qui avait entendu du bruit, qui était sortie et qui se trouvait fort intriguée de voir deux femmes si jeunes et si jolies entrer dans sa maison.

Elle leva sa tête renfrognée et aperçut deux têtes rieuses.

—Holà, mesdames, dit-elle, holà, que venez-vous chercher ici?

— Le logement que mon frère a dû louer pour nous, madame, dit Chon en prenant son air de veuve ; ne l'avez-vous pas vu ou nous serions-nous trompées de maison?

— Non, non, c'est bien au quatrième, dit la vieille propriétaire; ah! pauvre jeune femme, veuve à votre âge?

— Hélas! dit Chon en levant les yeux au ciel.

— Mais vous serez très-bien rue Plastrière, c'est une rue charmante, vous n'entendrez pas de bruit, votre appartement donne sur les jardins.

— C'est ce que j'ai désiré, madame.

— Cependant, par le corridor, vous pourrez voir dans la rue quand passeront les processions et quand joueront les chiens savants.

— Ah! ça me sera une grande distraction, madame, soupira Chon.

Et elle continua de monter.

La vieille propriétaire la suivit des yeux jusqu'au quatrième étage, et quand Chon eut refermé sa porte :

— Elle a l'air d'une honnête personne, dit-elle.

La porte refermée, Chon courut aussitôt aux fenêtres donnant sur le jardin.

Jean n'avait pas commis d'erreur; presque au-dessous des fenêtres de l'appartement loué était le pavillon désigné par le cocher.

Bientôt il n'y eut plus aucun doute à

avoir : une jeune fille vint s'asseoir près de la fenêtre du pavillon, une broderie à la main ; c'était Andrée.

VI

L'appartement de la rue Plastrière.

Chon examinait la jeune fille depuis quelques instants à peine, quand le vicomte Jean, montant les escaliers quatre à quatre comme un clerc de procureur, apparut sur le seuil de l'appartement de la prétendue veuve.

— Eh bien? demanda-t-il.

— C'est toi, Jean. En vérité, tu m'as fait peur.

— Qu'en dis-tu?

— Je dis que je serai admirablement ici pour tout voir; malheureusement je ne pourrai pas tout entendre.

— Ah! ma foi, tu demandes trop. A propos, une autre nouvelle.

— Laquelle?

— Merveilleuse.

— Bah!

— Incomparable.

— Que cet homme est assassinant avec ses exclamations!

— Le philosophe...

— Eh bien! quoi! le philosophe?

— On a beau dire :

<blockquote>A tout événement le sage est préparé.</blockquote>

Je suis un sage, eh bien! je n'étais pas préparé à celui-là.

— Je vous demande un peu s'il achèvera. Est-ce cette fille qui vous gêne? Passez dans la chambre voisine, en ce cas, mademoiselle Sylvie.

— Oh! ce n'est pas la peine, et cette belle enfant n'est pas de trop, au contraire. Reste, Sylvie, reste.

Et le vicomte caressa du doigt le menton de la belle fille, dont le sourcil se fronçait déjà à l'idée qu'on allait dire une chose qu'elle n'entendrait pas.

— Qu'elle reste donc; mais parlez.

— Eh! je ne fais pas autre chose depuis que je suis ici.

—Pour ne rien dire... taisez-vous alors et laissez-moi regarder : cela vaut mieux.

— Calmons-nous. Je passais donc, comme je disais, devant la fontaine.

— Justement, vous ne disiez pas un mot de cela.

—Bon, voilà que vous m'interrompez.

— Non.

— Je passais donc devant la fontaine, et je marchandais quelques vieux meubles pour cet affreux logement, quand tout à coup je sens un jet d'eau qui éclabousse mes bas.

— Comme c'est intéressant, tout cela !

— Mais, attendez donc, vous êtes trop pressée aussi, ma chère ; je regarde... et vois... devinez quoi... je vous le donne en cent.

— Allez donc.

— Je vois un jeune monsieur, obstruant avec un morceau de pain le robinet de la fontaine, et produisant, grâce à l'obstacle qu'il opposait à l'eau, cette extravasion et ce rejaillissement.

— C'est étonnant comme ce que vous me racontez là m'intéresse, dit Chon en haussant les épaules.

— Attendez donc, j'avais juré très-fort en me sentant éclaboussé; l'homme au pain trempé se retourne, et je vois...

— Vous voyez?

— Mon philosophe, ou plutôt notre philosophe.

— Qui cela, Gilbert?

— En personne: tête nue, veste ouverte. bas mal tirés, souliers sans boucles, en négligé galant enfin.

— Gilbert... et qu'a-t-il dit?

— Je le reconnais, il me reconnaît; je m'avance, il recule; j'étends le bras, il ouvre les jambes, et le voilà courant comme un levrier parmi les voitures, les porteurs d'eau.

— Vous l'aurez perdu de vue?

— Je le crois pardieu bien; vous ne supposez point que je me sois mis à courir aussi, n'est-ce pas?

— C'est vrai, mon Dieu, c'était impossible, je comprends; mais le voilà perdu.

— Ah! quel malheur! laissa échapper mademoiselle Sylvie.

— Oui, certes, dit Jean, je suis son débiteur d'une bonne ration d'étrivières, et si j'eusse mis la main sur son collet râpé, il n'eût rien perdu pour attendre, je vous jure; mais il devinait mes bonnes intentions à son égard, et il a joué des jambes.

N'importe, le voilà dans Paris, c'est l'essentiel ; et à Paris, pour peu qu'on ne soit pas trop mal avec le lieutenant de police, on trouve tout ce qu'on cherche.

— Il nous le faut.

— Et quand nous l'aurons, nous le ferons jeûner.

— On l'enfermera, dit mademoiselle Sylvie; seulement cette fois il faudra choisir un endroit sûr.

— Et Sylvie lui portera dans cet endroit sûr son pain et son eau, n'est-ce pas, Sylvie? dit le vicomte.

— Mon frère, ne rions pas, dit Chon;

ce garçon-là a vu l'affaire des chevaux de poste. S'il avait des motifs de nous en vouloir, il pourrait être à craindre.

— Aussi, reprit Jean, suis-je convenu avec moi-même, tout en montant ton escalier, d'aller trouver M. de Sartines et de lui raconter ma trouvaille. M. de Sartines me répondra qu'un homme nu-tête, bas défaits, souliers dénoués, et trempant son pain à une fontaine, habite bien près de l'endroit où on le rencontre ainsi fagoté, et alors il s'engagera à nous le retrouver.

— Que peut-il faire ici sans argent?

— Des commissions.

— Lui! un philosophe de cette sauvage espèce! allons donc!

— Il aura trouvé, dit Sylvie, quelque vieille dévote, sa parente, qui lui abandonne les croûtes trop vieilles pour son carlin.

—Assez, assez, mettez le linge dans cette vieille armoire, Sylvie; et vous, mon frère, à notre observatoire!

Ils s'approchèrent en effet de la fenêtre avec de grandes précautions.

Andrée quitta sa broderie, elle étendit nonchalamment ses jambes sur un fauteuil, puis allongea la main vers un livre placé sur une chaise à sa portée, l'ouvrit et commença une lecture que les spectateurs jugèrent être des plus attachantes, car la jeune fille demeura immobile du moment qu'elle eut commencé.

— Oh ! la studieuse personne! dit mademoiselle Chon, que lit-elle là ?

— Premier meuble indispensable, répondit le vicomte en tirant de sa poche une lunette qu'il allongea et braqua sur Andrée, en l'appuyant pour la fixer à l'angle de la fenêtre.

Chon le regardait faire avec impatience.

— Eh bien, voyons, est-elle vraiment

belle, cette créature? demanda-t-elle au vicomte.

— Admirable! c'est une fille parfaite; quels bras! quelles mains! quels yeux! des lèvres à damner saint Antoine; des pieds oh! les pieds divins! et la cheville... quelle cheville sous ce bas de soie!

— Allons, bon! devenez-en amoureux, maintenant, il ne nous manquerait plus que cela, dit Chon avec humeur.

— Eh bien, après... cela ne serait pas déjà si mal joué, surtout si elle voulait m'aimer un peu à son tour; cela rassurerait un peu notre pauvre comtesse.

— Voyons, passez-moi cette lorgnette, et trêve de balivernes, si c'est possible... Oui, vraiment, elle est belle cette fille, et il est impossible qu'elle n'ait pas un amant... elle ne lit pas, voyez... le livre va lui tomber des mains... il glisse... le voilà qui dégringole, tenez... Quand je vous le disais, Jean, elle ne lit pas, elle rêve.

— Ou elle dort.

— Les yeux ouverts ! de beaux yeux, sur ma foi !

— En tout cas, dit Jean, si elle a un amant, nous le verrons bien d'ici.

— Oui, s'il vient le jour, mais s'il vient la nuit?...

— Diable! je n'y songeais pas, et c'est cependant la première chose à laquelle j'eusse dû songer... cela prouve à quel point je suis naïf.

— Oui, naïf comme un procureur.

— C'est bon! me voilà prévenu, j'inventerai quelque chose.

— Mais que cette lunette est bonne! dit Chon, je lirais presque dans le livre.

— Lisez, et dites-moi le titre. Je devinerai peut-être quelque chose d'après le livre.

Chon s'avança avec curiosité, mais elle se recula plus vite encore qu'elle ne s'était avancée.

— Eh bien, qu'y a-t-il donc ? demanda le vicomte.

Chon lui saisit le bras.

— Regardez avec précaution, mon frère, dit-elle, regardez donc quelle est la personne qui se penche hors de cette lucarne, à gauche. Prenez garde d'être vu.

— Oh ! oh ! s'écria sourdement Dubarry, c'est mon trempeur de croûtes, Dieu me pardonne !

— Il va se jeter en bas.

— Non pas, il est cramponné à la gouttière.

— Mais que regarde-t-il donc avec ces yeux ardents, avec cette ivresse sauvage ?

— Il guette.

Le vicomte se frappa le front.

— J'y suis, s'écria-t-il.

— Quoi ?

— Il guette la petite, pardieu !

— Mademoiselle de Taverney.

— Eh ! oui, voilà l'amoureux du pigeonnier ! Elle vient à Paris, il accourt ;

elle se loge rue Coq-Héron, il se sauve de chez nous pour aller demeurer rue Plastrière ; il la regarde, et elle rêve.

— Sur ma foi, c'est la vérité, dit Chon : voyez donc ce regard, cette fixité, ce feu livide de ses yeux : il est amoureux à en perdre la tête.

— Ma sœur, dit Jean, ne nous donnons plus la peine de guetter l'amoureuse, l'amoureux fera notre besogne.

— Pour son compte, oui.

— Non pas, pour le nôtre. Maintenant laissez-moi passer, que j'aille un peu voir ce cher Sartines. Pardieu ! nous avons de la chance. Mais prenez garde, Chon, que le philosophe ne vous voie ; vous savez s'il décampe vite !

VII

Plan de campagne.

M. de Sartines était rentré à trois heures du matin, et était très-fatigué, mais en même temps très-satisfait de la soirée qu'il avait improvisée au roi et à madame Dubarry.

Réchauffé par l'arrivée de Madame la

Dauphine, l'enthousiasme populaire avait salué Sa Majesté de plusieurs cris de : Vive le roi ! fort diminués de volume depuis cette fameuse maladie de Metz durant laquelle on avait vu toute la France dans les églises ou en pèlerinage, pour obtenir la santé du jeune Louis XV, appelé à cette époque Louis XV le bien-aimé.

D'un autre côté, madame Dubarry, qui ne manquait guère d'être insultée en public par quelques acclamations d'un genre particulier, avait, au contraire, contre son attente, été gracieusement accueillie par plusieurs rangées de spectateurs adroitement placés au premier plan, de sorte que le roi, satisfait, avait envoyé son petit sourire à M. de Sartines, et que le lieutenant de police était assuré d'un bon remercîment.

Aussi avait-il cru pouvoir se lever à midi, ce qui ne lui était pas arrivé depuis bien longtemps, et avait-il profité, en se levant, de cette espèce de jour de congé qu'il se donnait pour essayer une ou deux douzaines de perruques neuves, tout en écoutant les rapports de la nuit, lorsqu'à la sixième perruque et au tiers de la lecture on annonça le vicomte Jean Dubarry.

— Bon, pensa M. de Sartines, voici mon remercîment qui m'arrive. Qui sait, ce-

pendant, les femmes sont si capricieuses!
Faites entrer M. le vicomte dans le salon.

Jean, déjà fatigué de sa matinée, s'assit dans un fauteuil, et le lieutenant de police, qui ne tarda point à le venir trouver, put se convaincre qu'il n'y aurait rien de fâcheux dans l'entretien.

En effet, Jean paraissait radieux.

Les deux hommes se serrèrent la main.

— Eh bien, vicomte, demanda M. de Sartines, qui vous a amené si matin?

— D'abord, répliqua Jean habitué avant toute chose à flatter l'amour-propre des gens qu'il avait besoin de ménager, d'abord j'éprouve le besoin de vous complimenter sur la belle ordonnance de votre fête d'hier.

— Ah! merci. Est-ce officiellement?

— Officiellement, quant à Luciennes.

— C'est tout ce qu'il me faut. N'est-ce pas là que le soleil se lève?

—Et qu'il se couche quelquefois même.

Et Dubarry se mit à éclater de ce gros rire assez vulgaire, mais qui donnait à son personnage la bonhomie dont souvent il avait besoin.

— Mais outre les compliments que j'ai à vous faire, je viens encore vous demander un service.

— Deux, s'ils sont possibles.

— Oh ! vous allez me dire cela tout de suite. Quand une chose est perdue à Paris, y a-t-il quelque espérance de la retrouver ?

— Si elle ne vaut rien ou si elle vaut beaucoup, oui.

— Ce que je cherche ne vaut pas grand'chose, dit Jean en secouant la tête.

— Que cherchez-vous ?

— Je cherche un petit garçon de dix-huit ans à peu près.

M. de Sartines allongea la main vers un papier, prit un crayon et écrivit.

— Dix-huit ans. Comment s'appelle-t-il, votre petit garçon?

— Gilbert.

— Que fait-il?

— Le moins qu'il peut, je suppose.

— D'où vient-il?

— De la Lorraine.

— Où était-il?

— Au service des Taverney.

— Ils l'ont amené avec eux?

— Non, ma sœur Chon l'a ramassé sur la grande route, crevant de faim; elle l'a recueilli dans sa voiture et amené à Luciennes, et là...

— Eh bien, là?

— Je crains que le drôle n'ait abusé de l'hospitalité.

— Il a volé?

— Je ne dis pas cela.

— Mais enfin....

— Je dis qu'il a pris la fuite d'une étrange façon.

— Maintenant vous voulez le ravoir?

— Oui.

— Avez-vous quelqu'idée de l'endroit où il peut être?

— Je l'ai rencontré aujourd'hui à la fontaine qui fait le coin de la rue Plastrière. et j'ai tout lieu de penser qu'il demeure dans la rue. A la rigueur même je crois que je pourrais désigner la maison.

— Eh bien! mais, si vous connaissez la maison, rien n'est plus facile que de l'y faire prendre, dans cette maison. Qu'en voulez-vous faire une fois que vous le tiendrez? le faire mettre à Charenton, à Bicêtre?

— Non pas précisément.

— Oh! tout ce que vous voudrez, mon Dieu! ne vous gênez pas.

— Non, ce garçon au contraire plaisait à ma sœur, et elle eût aimé à le garder près d'elle, il est intelligent. Eh bien! si avec de la douceur on pouvait le lui ramener, ce serait charmant.

—On essayera. Vous n'avez fait aucune question rue Plastrière pour savoir chez qui il était?

— Oh! non, vous comprenez que je n'ai pas voulu me faire remarquer, compromettre la position ; il m'avait aperçu et s'était sauvé comme si le Diable l'emportait ; s'il eût su que je connaissais sa retraite, peut-être eût-il déménagé.

—C'est juste. Rue Plastrière, dites-vous; au bout, au milieu, au commencement de la rue?

— Au tiers à peu près.

— Soyez tranquille, je vais vous envoyer là un homme adroit.

— Ah! cher lieutenant, un homme

adroit, si adroit qu'il soit parlera toujours un peu.

— Non ; chez nous on ne parle pas.

— Le petit est fin comme l'ambre.

— Ah ! je comprends : pardon de n'y être point arrivé plus tôt; vous voudriez que moi-même ?... au fait, vous avez raison... ce sera mieux... car il y a peut-être là-dedans des difficultés dont vous ne vous doutez pas.

Jean, quoique persuadé que le magistrat voulait se faire un peu valoir, ne lui ôta rien de l'importance de son rôle.

Il ajouta même:

— C'est justement à cause de ces difficultés que vous pressentez que je désire de vous avoir en personne.

M. de Sartines sonna son valet de chambre.

— Qu'on mette les chevaux, dit-il.

— J'ai une voiture, dit Jean.

— Merci, j'aime mieux la mienne; la mienne n'a pas d'armoiries, elle tient le milieu entre un fiacre et un carrosse. C'est une voiture qu'on repeint tous les mois, et qui est difficilement reconnue par cette raison. Maintenant, pendant qu'on attèle, permettez que je m'assure si mes perruques neuves vont à ma tête.

— Faites, dit Jean.

M. de Sartines appela son perruquier : c'était un artiste, et il apportait à son client une véritable collection de perruques: il y en avait de toutes les formes, de toutes les couleurs et de toutes les dimensions, perruques de robins, perruques d'avocat, perruques de traitant, perruques à la cavalière. M. de Sartines, pour les explorations, changeait parfois de costume trois ou quatre fois par jour, et il tenait essentiellement à la régularité du costume.

Comme le magistrat essayait sa vingt-quatrième perruque, on vint lui dire que la voiture était attelée.

— Vous reconnaîtrez bien la maison? demanda M. de Sartines à Jean.

— Pardieu! je la vois d'ici.

— Vous avez examiné l'entrée?

— C'est la première chose à laquelle j'ai songé.

— Et comment cette entrée est-elle faite?

— Une allée.

— Ah! une allée au tiers de la rue, avez-vous dit?

— Oui, avec porte à secret.

— Avec porte à secret! Diable! savez-vous l'étage où demeure votre fugitif?

— Dans les mansardes. Mais, d'ailleurs, vous allez voir, car j'aperçois la fontaine.

— Au pas, cocher, dit M. de Sartines.

Le cocher modéra sa course; M. de Sartines leva les glaces.

— Tenez, dit Jean, c'est cette maison sale.

— Ah! justement, s'écria M. de Sartines en frappant dans ses mains, voilà ce que je craignais.

— Comment vous craignez quelque chose?

— Hélas! oui.

— Et que craignez-vous?

— Vous avez du malheur.

— Expliquez-vous.

—Eh bien! cette maison sale où demeure votre fugitif, est justement la maison de M. Rousseau, de Genève.

— Rousseau l'auteur?

— Oui.

— Eh bien! que vous importe?

— Comment! que m'importe? -Ah! l'on voit bien que vous n'êtes pas lieutenant de police et que vous n'avez point affaire aux philosophes.

— Ah bah! Gilbert chez M. Rousseau, quelle probabilité?

— N'avez-vous pas dit que votre jeune homme était un philosophe?

— Oui.

—Eh bien! qui se ressemble s'assemble.

— Enfin supposons qu'il soit chez M. Rousseau.

— Oui, supposons cela.

— Qu'en résultera-t-il?

— Que vous ne l'aurez point; pardieu!

— Parce que?

— Parce que M. Rousseau est un homme fort à craindre.

— Pourquoi ne le mettez-vous point à la Bastille?

— Je l'ai proposé l'autre jour au roi, il n'a point osé.

— Comment! il n'a point osé?

— Non, il a voulu me laisser la responsabilité de cette arrestation, et, ma foi, je n'ai pas été plus brave que le roi.

— En vérité!

— C'est comme je vous le dis; on y regarde à deux fois, je vous jure, avant de se faire mordre les chausses par toutes ces mâchoires philosophiques; peste! un enlèvement chez M. Rousseau, non pas, mon cher ami, non pas.

— En vérité, mon cher magistrat, je vous trouve d'une timidité étrange; le roi n'est-il pas le roi, et vous son lieutenant de police?

—En vérité, vous êtes charmants, vous autres bourgeois. Quand vous avez dit : le roi n'est-il pas le roi, vous croyez avoir tout dit. Eh bien ! écoutez ceci, mon cher vicomte. J'aimerais mieux vous enlever de chez madame Dubarry que de retirer votre M. Gilbert de chez M. Rousseau.

— Vraiment! merci de la préférence.

— Ah ! ma foi, oui, l'on crierait moins. Vous n'avez pas l'idée comme ces gens de lettres ont l'épiderme sensible ; ils crient pour la moindre écorchure comme si on les rouait.

— Mais ne nous créons-nous pas des fantômes, voyons? Est-il bien sûr que M. Rousseau ait recueilli notre fugitif? Cette maison à quatre étages lui appartient-elle et l'habite-t-il seul?

— M. Rousseau ne possède pas un denier, et par conséquent n'a pas de maison à Paris; peut-être y a-t-il outre lui quinze ou vingt locataires dans cette baraque. Mais prenez ceci pour règle de conduite : toutes les fois qu'un malheur se présente avec quelque probabilité, comptez-y; si c'est un bonheur, n'y comptez pas. Il y a toujours quatre-vingt-dix-neuf chances pour le mal et une seule pour le bien. Mais, au fait, attendez; comme je me doutais de ce qui nous arrive, j'ai pris des notes.

— Quelles notes?

— Mes notes sur M. Rousseau. Est-ce

que vous croyez qu'il fait un pas sans qu'on sache où il va?

— Ah! vraiment! Il est donc véritablement dangereux?

— Non, mais il est inquiétant; un fou pareil peut se rompre à tout moment un bras ou une cuisse, et l'on dirait que c'est nous qui le lui avons cassé.

— Eh! qu'il se torde le cou une bonne fois.

— Dieu nous en garde!

— Permettez-moi de vous dire que voilà ce que je ne comprends point.

— Le peuple lapide de temps en temps ce brave Genevois; mais il se le réserve pour lui, et s'il recevait le moindre caillou de notre part ce serait nous qu'on lapiderait à notre tour.

— Oh! je ne connais pas toutes ces façons-là, excusez-moi.

— Aussi userons-nous des plus minutieuses précautions. Maintenant, vérifions la seule chance qui nous reste, celle qu'il ne soit pas chez M. Rousseau. Cachez-vous au fond de la voiture.

Jean obéit, et M. de Sartines ordonna au cocher de faire quelques pas dans la rue.

Puis il ouvrit son portefeuille et en tira quelques papiers.

— Voyons, dit-il, si votre jeune homme est avec M. Rousseau, depuis quel jour doit-il y être?

— Depuis le 16.

—17. — M. Rousseau a été vu herborisant à six heures du matin dans le bois de Meudon ; il était seul.

— Il était seul?

— Continuons. A deux heures de l'après-midi, le même jour, il herborisait encore, mais avec un jeune homme.

— Ah! ah! fit Jean.

— Avec un jeune homme, répéta M. de Sartines, entendez-vous?

— C'est cela, mordieu, c'est cela.

— Hein! qu'en dites-vous?

— Le jeune homme est chétif.

— C'est cela.

— Il dévore.

— C'est cela.

— Les deux particuliers arrachent des plantes et les font confire dans une boîte de fer-blanc.

— Diable! diable! fit Dubarry.

— Ce n'est pas le tout. Ecoutez bien : le soir, il a ramené le jeune homme ; à minuit, le jeune homme n'était pas sorti de chez lui.

— Bon.

— 18. — Le jeune homme n'a pas quitté la maison, et paraît être installé chez M. Rousseau.

— J'ai encore un reste d'espoir.

— Décidément, vous êtes optimiste! N'importe, faites-moi part de cet espoir.

— C'est qu'il a quelque parent dans la maison.

— Allons! il faut vous satisfaire, ou plutôt vous désespérer tout à fait. Halte! cocher.

M. de Sartines descendit. Il n'avait pas fait dix pas, qu'il rencontra un homme vêtu de gris et de mine assez équivoque.

L'homme, en apercevant l'illustre magistrat ôta son chapeau et le remit sans paraître attacher au salut plus d'importance, quoique le respect et le dévouement eussent éclaté dans son regard.

M. de Sartines fit un signe, l'homme

s'approcha, reçut, l'oreille basse, quelques injonctions, et disparut sous l'allée de Rousseau.

Le lieutenant de police remonta en voiture.

Cinq minutes après, l'homme gris reparut et s'approcha de la portière.

— Je tourne la tête à droite, dit Dubarry, pour qu'on ne me voie pas.

M. de Sartines sourit, reçut la confidence de son agent, et le congédia.

— Eh bien? demanda Dubarry.

— Eh bien! la chance était mauvaise,

comme je m'en doutais; c'est bien chez Rousseau que loge votre Gilbert. Renoncez-y, croyez-moi.

— Que j'y renonce?

— Oui.

— Vous ne voudriez pas ameuter contre nous, pour une fantaisie, tous les philosophes de Paris, n'est-ce pas?

— Oh! mon Dieu! que dira ma sœur Jeanne?

— Elle tient donc bien à ce Gilbert? demanda M. de Sartines.

— Mais oui.

— Eh bien! alors, il vous reste les moyens de douceur; usez de gentillesse, amadouez M. Rousseau, et au lieu de se laisser enlever Gilbert malgré lui, il vous le donnera de bonne volonté.

— Ma foi, autant vaut nous donner à apprivoiser un ours.

— C'est peut-être moins difficile que vous ne pensez. Voyons, ne désespérons pas; il aime les jolis visages, celui de la comtesse est des plus beaux, et celui de mademoiselle Chon n'est pas désagréable; voyons, la comtesse fera-t-elle un sacrifice à sa fantaisie?

— Elle en fera cent.

— Consentirait-elle à devenir amoureuse de Rousseau?

— S'il le fallait absolument.

— Ce sera peut-être utile, mais pour rapprocher nos personnages l'un de l'autre, il serait besoin d'un agent intermédiaire. Connaissez-vous quelqu'un qui connaisse Rousseau?

— M. de Conti.

— Mauvais, il se défie des princes. Il faudrait un homme de rien, un savant, un poète.

— Nous ne voyons pas ces gens-là.

— N'ai-je pas rencontré, chez la comtesse, M. de Jussieu?

— Le botaniste?

— Oui.

— Ma foi, je crois qu'oui; il vient à Trianon, et la comtesse lui laisse ravager ses plates-bandes.

— Voilà votre affaire; justement Jussieu est de mes amis.

— Alors, cela ira tout seul.

— A peu près.

— J'aurai donc mon Gilbert?

M. de Sartines réfléchit un moment.

— Je commence à croire que oui, dit-il, et sans violence, sans cris; Rousseau vous le donnera pieds et poings liés.

— Vous croyez.

— J'en suis sûr.

— Que faut-il faire pour cela?

— La moindre des choses. Vous avez bien, du côté de Meudon ou de Marly, un terrain vide?

— Oh! cela ne manque pas; j'en connais dix entre Luciennes et Bougival.

— Eh bien! faites-y construire, comment appellerai-je cela? une souricière à philosophes.

—Plaît-il? Comment avez-vous dit cela?

— J'ai dit une souricière à philosophes.

— Eh! mon Dieu! comment cela se bâtit-il?

— Je vous en donnerai le plan, soyez tranquille. Et maintenant, partons vite, voilà qu'on nous regarde. Cocher, touche à l'hôtel.

VIII

Ce qui arriva à M. de La Vauguyon, précepteur des Enfants de France, le soir du mariage de Mgr le Dauphin.

Les grands événements de l'histoire sont pour le romancier ce que sont les montagnes gigantesques pour le voyageur. Il les regarde, il tourne autour d'elles, il les salue en passant, mais il ne les franchit pas.

Ainsi allons-nous regarder, tourner et saluer cette cérémonie imposante du mariage de la Dauphine, à Versailles. Le cérémonial de France est la seule chronique que l'on doive consulter en pareil cas.

Ce n'est pas, en effet, dans les splendeurs du Versailles de Louis XV, dans la description des habits de cour, des livrées, des ornements pontificaux, que notre histoire à nous, cette suivante modeste qui, par un petit chemin détourné, côtoie la grande route de l'histoire de France, trouverait à gagner quelque chose.

Laissons s'achever la cérémonie aux rayons du soleil ardent d'un beau jour de mai ; laissons les illustres conviés se retirer en silence et se raconter, ou commenter, les merveilles du spectacle auquel ils viennent d'assister, et revenons à nos événements et à nos personnages à nous, lesquels, historiquement, ont bien une certaine valeur.

Le roi, fatigué de la représentation et surtout du dîner, qui avait été long et calqué sur le cérémonial du dîner des noces de M. le grand Dauphin, fils de Louis XIV, le roi se retira chez lui à neuf heures et congédia tout le monde, ne retenant que M. de la Vauguyon, précepteur des Enfants de France.

Ce duc, grand ami des jésuites, qu'il espérait ramener, grâce au crédit de madame Dubarry, voyait une partie de sa tâche terminée par le mariage de M. le duc de Berry.

Ce n'était pas la plus rude partie, car il restait encore à M. le précepteur des Enfants de France à parfaire l'éducation de M. le comte de Provence et de M. le comte d'Artois, âgés, à cette époque, l'un de quinze ans, l'autre de treize. M. le comte de Provence était sournois et indompté, M. le comte d'Artois, étourdi et indomptable; et puis le Dauphin, outre ses bonnes qualités qui le rendaient un précieux élève, était Dauphin, c'est-à-dire le premier personnage de France après le roi. M. de La Vauguyon pouvait donc perdre gros en perdant sur un tel esprit l'influence que peut-être une femme allait conquérir.

Le roi l'appelant à rester, M. de La Vauguyon put croire que Sa Majesté comprenait cette perte et voulait l'en dédommager par quelque récompense. Une éducation achevée, d'ordinaire on gratifie le précepteur.

Ce qui engagea M. le duc de La Vauguyon, homme très-sensible, à redoubler de sensibilité: pendant tout le dîner, il avait parlé son mouchoir à ses yeux, pour témoigner du regret que lui causait la perte de son élève. Une fois le dessert achevé il avait sangloté; mais se trouvant enfin seul, il partait plus calme.

L'appel du roi tira de nouveau le mouchoir de sa poche et les larmes de ses yeux.

— Venez, mon pauvre La Vauguyon, dit le roi en s'établissant à l'aise dans une chaise longue : venez, que nous causions.

— Je suis aux ordres de Votre Majesté, répondit le duc.

—Asseyez-vous là, mon très-cher; vous devez être fatigué.

— M'asseoir, sire?

— Oui là, sans façon, tenez.

Et Louis XV indiqua au duc un tabouret placé de telle manière que les lumières tombassent d'aplomb sur le visage du précepteur, et laissassent dans l'ombre celui du roi.

— Eh bien, cher duc, dit Louis XV, voilà une éducation faite.

— Oui, sire. Et La Vauguyon soupira.

— Belle éducation sur ma foi, continua Louis XV.

— Sa Majesté est trop bonne.

—Et qui vous fait bien de l'honneur, duc.

— Sa Majesté me comble.

— M. le Dauphin est, je crois, un des savants princes de l'Europe?

— Je le crois, sire.

— Bon historien?

— Très-bon.

— Géographe parfait?

— Sire, M. le Dauphin dresse tout seul des cartes qu'un ingénieur ne ferait pas.

— Il tourne dans la perfection?

—Ah! sire, le compliment revient à un

autre, et ce n'est pas moi qui lui ai appris cela.

— N'importe, il le sait?

— A merveille même.

— Et l'horlogerie, hein?... quelle dextérité!

— C'est prodigieux, sire.

— Depuis six mois toutes mes horloges courent les unes après les autres, comme les quatre roues d'un carrosse sans pouvoir se rejoindre. Eh bien, c'est lui seul qui les règle.

—Ceci rentre dans la mécanique, sire,

et je dois avouer encore que je n'y suis pour rien.

— Oui, mais les mathématiques, la navigation ?

—Oh! par exemple, sire, voilà les sciences vers lesquelles j'ai toujours poussé M. le Dauphin.

— Et il y est très-fort. L'autre soir je l'ai entendu parler avec M. de Lapérouse de grelins, de haubans et de brigantines.

— Tous termes de marine..., oui sire.

— Il en parle comme Jean Bart.

— Le fait est qu'il y est très-fort.

— C'est pourtant à vous qu'il doit tout cela...

— Votre Majesté me récompense bien au delà de mes mérites en m'attribuant une part, si légère qu'elle soit, dans les avantages précieux que M. le Dauphin a tirés de l'étude.

— La vérité, duc, est que je crois que M. le Dauphin sera réellement un bon roi, un bon administrateur, un bon père de famille.

— A propos, monsieur le duc, répéta le roi en appuyant sur ces mots, sera-t-il un bon père de famille?

— Eh! mais, sire, répondit naïvement M. de La Vauguyon, je présume que, toutes les vertus étant en germe dans le cœur de M. le Dauphin, celle-là y doit être renfermée comme les autres.

— Vous ne me comprenez pas, duc, dit Louis XV. Je vous demande s'il sera un bon père de famille.

— Sire, je l'avoue, je ne comprends pas Votre Majesté. Dans quel sens me fait-elle cette question?

—Mais dans le sens, dans le sens... vous n'êtes pas sans avoir lu la Bible, monsieur le duc?

— Certainement, sire, que je l'ai lue.

— Eh bien, vous connaissez les patriarches, n'est-ce pas?

— Sans doute.

— Sera-t-il un bon patriarche?

M. de La Vauguyon regarda le roi, comme s'il lui eût parlé hébreu ; et tournant son chapeau entre ses mains :

— Sire, répondit-il, un grand roi est tout ce qu'il veut.

— Pardon, monsieur le duc, insista le roi, je vois que nous ne nous entendons pas très-bien.

— Sire, je fais cependant de mon mieux.

— Enfin, dit le roi, je vais parler plus clairement. Voyons, vous connaissez le Dauphin comme votre enfant, n'est-ce pas?

— Oh! certes, sire.

— Ses goûts?

— Oui.

— Ses passions?

— Oh! quant à ses passions, sire, c'est autre chose, Monseigneur en eût-il eu, que je les eusse extirpées radicalement. Mais je

n'ai pas eu cette peine, heureusement;
Monseigneur est sans passions.

— Vous avez dit heureusement?

— Sire, n'est-ce pas un bonheur?

—Ainsi, il n'en a pas?

— De passions, non, sire.

— Pas une?

—Pas une, j'en réponds.

— Eh bien, voilà justement ce que je redoutais. Le Dauphin sera un très-bon roi, un très-bon administrateur; mais il ne sera jamais un bon patriarche.

— Hélas! sire, vous ne m'avez aucunement recommandé de pousser M. le Dauphin au patriarcat.

— Et c'est un tort que j'ai eu. J'aurais dû songer qu'il se marierait un jour. Mais, bien qu'il n'ait point de passions, vous ne le condamnez point tout à fait?

— Comment?

— Je veux dire que vous ne le jugez point incapable d'en avoir un jour.

— Sire, j'ai peur.

— Comment, vous avez peur?

— En vérité, dit lamentablement le

pauvre duc, Votre Majesté me met au supplice.

— Monsieur de La Vauguyon, s'écria le roi qui commençait à s'impatienter, je vous demande clairement si, avec passion ou sans passion, M. le duc de Berry sera un bon époux. Je laisse de côté la qualification de père de famille, et j'abandonne le patriarche.

— Eh bien, sire, voilà ce que je ne saurais précisément dire à Votre Majesté.

— Comment, voilà ce que vous ne sauriez me dire ?

—Non, sans doute, car je ne le sais pas, moi.

—Vous ne le savez pas! s'écria Louis XV avec une stupéfaction qui fit osciller la perruque sur le chef de M. de La Vauguyon.

— Sire, M. le duc de Berry vivait sous le toit de Votre Majesté, dans l'innocence de l'enfant qui étudie.

— Eh! monsieur, cet enfant n'étudie plus, il se marie.

— Sire, j'étais le précepteur de monseigneur...

— Justement, monsieur, il fallait donc lui apprendre tout ce qu'il doit savoir.

Et Louis XV se renversa dans son fauteuil en haussant les épaules.

— Je m'en doutais, ajouta-t-il avec un soupir.

— Mon Dieu, sire...

— Vous savez l'histoire de France, n'est-ce pas, monsieur de La Vauguyon?

—Sire, je l'ai toujours cru, et je continuerai même de le croire, à moins toutefois que Votre Majesté ne me dise le contraire.

— Eh bien, alors, vous devez savoir ce qui m'est arrivé, à moi, la veille de mes noces.

— Non, sire, je ne le sais pas.

— Ah! mon Dieu, mais vous ne savez donc rien.

— Si Votre Majesté voulait m'apprendre ce point, qui m'est resté inconnu?

— Écoutez, et que ceci vous serve de leçon pour mes deux autres petits-fils, duc.

— J'écoute, sire.

— Moi aussi, j'avais été élevé comme

vous avez élevé le Dauphin, sous le toit de mon grand-père. J'avais M. de Villeroy, un brave homme, mais un très-brave homme, tout comme vous, duc. Oh! s'il m'eût laissé plus souvent dans la société de mon oncle le régent! mais non, l'innocence de l'étude, comme vous dites, duc, m'avait fait négliger l'étude de l'innocence. Cependant, je me mariai, et quand un roi se marie, monsieur le duc, c'est sérieux pour le monde.

— Oh! oui, sire, je commence à comprendre.

—En vérité, c'est bien heureux. Je continue donc. M. le cardinal me fit sonder sur mes dispositions au patriarcat. Mes dispositions étaient parfaitement nulles, et j'étais là-dessus d'une candeur à faire craindre que le royaume de France ne tombât en quenouille. Heureusement, M. le cardinal consulta M. de Richelieu là-dessus; c'était délicat; mais M. de Richelieu était un grand maître en pareille matière. M. de Richelieu eut une idée lumineuse. Il y avait une demoiselle Lemaure, ou Lemoure, je ne sais plus trop, laquelle faisait des tableaux admirables; on lui commanda une série de scènes, vous comprenez?

— Non, sire.

— Comment dirai-je cela? Des scènes champêtres.

— Dans le genre des tableaux de Teniers, alors.

— Mieux que cela ; primitives.

— Primitives?

— Naturelles. Je crois que j'ai enfin trouvé le mot; vous comprenez cette fois?

— Comment! s'écria M. de La Vauguyon rougissant, on osa présenter à Votre Majesté...

— Et qui vous parle de me présenter quelque chose, duc?

— Mais pour que Votre Majesté pût voir.

— Il fallait que ma Majesté regardât ; voilà tout.

— Eh bien ?

— Eh bien, j'ai regardé.

— Et...

— Et comme l'homme est essentiellement imitateur... j'ai imité.

— Certainement, sire, le moyen est ingénieux, certain, excellent, quoique dangereux pour un jeune homme.

Le roi regarda le duc de La Vauguyon

avec ce sourire que l'on eût appelé cynique s'il n'eût glissé sur la bouche la plus spirituelle du monde.

—Laissons le danger pour aujourd'hui. dit-il, et revenons à ce qui vous reste à faire.

— Ah !

— Le savez-vous ?

— Non, sire, et Votre Majesté me rendra bien heureux en me l'apprenant.

— Eh bien, le voici : vous allez aller trouver M. le Dauphin qui reçoit les derniers compliments des hommes, tandis que madame la Dauphine reçoit les derniers compliments des femmes.

— Oui, sire.

— Vous vous munirez d'un bougeoir, et vous prendrez M. le Dauphin à part.

— Oui, sire.

— Vous indiquerez à *votre élève,* le roi appuya sur les deux mots, vous indiquerez à votre élève que sa chambre est située au bout du corridor neuf.

— Dont personne n'a la clef, sire.

—Parce que je la gardais, monsieur ; je

prévoyais ce qui arrive aujourd'hui, voici cette clef.

M. de La Vauguyon la prit en tremblant.

— Je veux bien vous dire, à vous, monsieur le duc, continua le roi, que cette galerie renferme une vingtaine de tableaux que j'ai fait placer là.

— Ah! sire, oui, oui.

— Oui, monsieur le duc, vous embrasserez votre élève, vous lui ouvrirez la porte du corridor, vous lui mettrez le bougeoir à la main, vous lui souhaiterez le bonsoir, et vous lui direz qu'il doit mettre vingt minutes à gagner la porte de sa chambre, une minute par tableau.

—Ah! sire, je comprends.

— C'est heureux. Bonsoir, monsieur de La Vauguyon.

— Votre Majesté a la bonté de m'excuser?

— Mais je ne sais pas trop, car, sans moi, vous eussiez fait de belles choses dans ma famille.

La porte se referma sur M. le gouverneur.

Le roi se servit de sa sonnette particulière.

Lebel parut.

— Mon café, dit le roi. A propos, Lebel.

— Sire ?

— Quand vous m'aurez donné mon café, vous irez derrière M. de La Vauguzon. qui sort pour présenter ses devoirs à M. le Dauphin.

— J'y vais, sire.

— Mais attendez donc, que je vous apprenne pourquoi vous y allez.

— C'est vrai, sire ; mais mon empressement à obéir à Sa Majesté est tel...

— Très-bien. Vous suivrez donc M. de La Vauguyon.

— Oui, sire.

— Il est si troublé, si chagrin, que je crains son attendrissement pour M. le Dauphin.

—Et que dois-je faire, sire, s'il s'attendrit ?

— Rien ; vous viendrez me le dire, voilà tout.

Lebel déposa le café près du roi qui se mit à le savourer lentement.

Puis le valet de chambre historique sortit.

Un quart d'heure après il reparut.

— Eh bien? Lebel, demanda le roi.

— Sire, M. de La Vauguyon a été jusqu'au corridor neuf, tenant monseigneur par le bras.

— Bien, après?

— Il ne semblait pas fort attendri, bien

au contraire, il roulait de petits yeux tout égrillards.

— Bon, après?

— Il a tiré une clef de sa poche, l'a donnée à M. le Dauphin, qui a ouvert la porte et a mis le pied dans le corridor.

— Ensuite?

— Ensuite, M. le duc a fait passer son bougeoir dans la main de monseigneur et lui a dit tout bas, mais pas si bas que je n'aie pu l'entendre :

— Monseigneur, la chambre nuptiale est au bout de cette galerie dont je viens

de vous remettre la clef. Le roi désire
que vous mettiez vingt minutes à arriver
à cette chambre.

—Comment! a dit le prince, vingt
minutes; mais il faut vingt secondes à
peine.

— Monseigneur, a répondu M. de La
Vauguyon, ici expire mon autorité ; je n'ai
plus de leçons à vous donner, mais, un
dernier conseil : regardez bien les murail-
les à droite et à gauche de cette galerie, et
je réponds à Son Altesse qu'elle trouvera
le temps d'employer ses vingt minutes.

— Pas mal.

— Alors, sire, M. de La Vauguyon a fait un grand salut, toujours accompagné de regards fort allumés, qui semblaient vouloir pénétrer dans le corridor; puis il a laissé monseigneur à la porte.

— Et monseigneur est entré, je suppose?

— Tenez, sire, voyez la lumière dans la galerie. Il y a au moins un quart d'heure qu'elle s'y promène.

— Allons! allons! elle disparaît, dit le roi après quelques instants passés les yeux levés sur les vitres. A moi aussi, on m'avait donné vingt minutes, mais je me rappelle qu'au bout de cinq j'étais chez ma femme. Hélas! dirait-on de M. le Dauphin ce qu'on disait du second Racine : —C'est le petit fils d'un grand père!

IX

La nuit des noces de M. le Dauphin.

Le Dauphin ouvrit la porte de la chambre nuptiale, ou plutôt de l'antichambre qui la précédait.

L'archiduchesse, en long peignoir blanc, attendait dans le lit doré, à peine affaissé par le poids si léger de son corps frêle et délicat; et, chose étrange, si l'on eût pu lire sur son front, à travers le nuage de tristesse qui le couvrait, on y eût reconnu, au lieu de la douce attente de la fiancée, la terreur de la jeune fille menacée d'un de ces dangers que les natures nerveuses voient en pressentiments et supportent quelquefois avec plus de courage qu'elles ne les ont pressentis.

Près du lit, madame de Noailles était assise.

Les dames se tenaient au fond, attentives au premier geste de la dame d'honneur, qui leur ordonnerait de se retirer.

Celle-ci, fidèle aux lois de l'étiquette, attendait impassiblement l'arrivée de M. le Dauphin.

Mais, comme si cette fois toutes les lois de l'étiquette et du cérémonial eussent dû céder à la malignité des circonstances, il se trouva que les personnes qui devaient introduire M. le Dauphin dans la chambre nuptiale, ignorant que Son Altesse, d'après les dispositions du roi Louis XV, devait arriver par le corridor neuf, attendaient dans une autre antichambre.

Celle où venait d'entrer M. le Dauphin était vide, et la porte qui donnait dans la chambre à coucher étant légèrement entrebâillée, il en résultait que M. le Dauphin pouvait voir et entendre ce qui se passait dans cette chambre.

Il attendit, regardant à la dérobée, écoutant furtivement.

La voix de madame la Dauphine s'éleva pure et harmonieuse, quoiqu'un peu tremblante :

— Par où entrera monsieur le Dauphin? demanda-t-elle.

— Par cette porte, madame, dit la duchesse de Noailles. Et elle montrait la porte opposée à celle où se trouvait M. le Dauphin.

— Et qu'entend-on par cette fenêtre, ajouta la Dauphine, on dirait le bruit de la mer?

— C'est le bruit des innombrables spectateurs qui se promènent à la lueur de l'illumination, et qui attendent le feu d'artifice.

— L'illumination? dit la Dauphine avec un triste sourire, elle n'a pas été inutile ce soir, car le ciel est bien lugubre; avez-vous, vu, madame?

En ce moment, le Dauphin, ennuyé d'attendre, poussa doucement la porte, passa sa tête par l'entrebâillement, et demanda s'il pouvait entrer.

Madame de Noailles poussa un cri, car elle ne reconnut pas le prince d'abord.

Madame la Dauphine, jetée, par les émotions successives qu'elle avait éprouvées, dans cet état nerveux où tout nous effraie, saisit le bras de madame de Noailles.

— C'est moi, madame, dit le Dauphin, n'ayez pas peur.

— Mais pourquoi par cette porte? demanda madame de Noailles.

— Parce que dit le roi Louis XV, en passant à son tour sa tête cynique par la porte entrebâillée, parce que M. de La

Vauguyon, en véritable jésuite qu'il est, sait trop bien le latin, les mathématiques et la géographie, et pas assez autre chose.

En présence du roi, arrivant ainsi inopinément, madame la Dauphine s'était laissée glisser de son lit et se tenait debout, enveloppée de son grand peignoir, qui la cachait du bout des pieds jusqu'au col, aussi hermétiquement que la stole d'une dame romaine.

— On voit bien qu'elle est maigre, murmura Louis XV. Au diable M. de Choiseul, qui, parmi toutes les archiduchesses, va justement me choisir celle-là.

—Votre Majesté, dit madame de Noailles, peut remarquer que, quant à ce qui me concerne, l'étiquette a été strictement observée ; il n'y a que du côté de monseigneur le Dauphin.

—Je prends l'infraction sur mon compte, dit Louis XV, et c'est trop juste, puisque c'est moi qui l'ai fait commettre. Mais comme la circonstance était grave, ma chère madame de Noailles, j'espère que vous me la pardonnerez.

— Je ne comprends pas ce que Votre Majesté veut dire.

— Nous nous en irons ensemble, duchesse, et je vous conterai cela. Maintenant, voyons, que ces enfants se couchent.

Madame la Dauphine s'éloigna d'un pas du lit, et saisit le bras de madame de Noailles avec plus de terreur peut-être que la première fois.

— Oh! par grâce, madame, dit-elle; j'en mourrais de honte.

— Sire, dit madame de Noailles, madame la Dauphine vous supplie de la laisser se coucher comme une simple bourgeoise.

— Diable! diable! et c'est vous qui demandez cela, madame l'étiquette?

— Sire, je sais bien que c'est contraire aux lois du cérémonial de France; mais, regardez l'archiduchesse...

En effet, Marie-Antoinette debout, pâle, se soutenant de son bras, roidi au dossier d'un fauteuil, eût semblé une statue de l'Effroi, si l'on n'eût entendu le léger claquement de ses dents, accompagnant la sueur froide qui coulait sur son visage.

—Oh! je ne veux pas contrarier la Dauphine à ce point, dit Louis XV, prince aussi ennemi du cérémonial que Louis XIV en était ardent sectateur. Retirons-nous, duchesse. D'ailleurs, il y a des serrures aux portes, et ce sera bien plus drôle.

Le Dauphin entendit ces dernières paroles de son grand-père et rougit.

La Dauphine entendit aussi, mais elle ne comprit pas.

Le roi Louis XV embrassa sa bru, et il sortit entraînant la duchesse de Noailles et riant de ce rire moqueur, si triste pour ceux qui ne partagent pas la gaieté de celui qui rit.

Les autres assistants sortirent par l'autre porte.

Les deux jeunes gens se trouvèrent seuls.

Il se fit un instant de silence.

Enfin, le jeune prince s'approcha de Marie-Antoinette: son cœur battait violemment; il sentait affluer à la poitrine, aux tempes, aux artères des mains, ce sang révolté de la jeunesse et de l'amour.

Mais il sentait son grand-père derrière la porte, et ce regard cynique, plongeant jusque dans l'alcôve nuptiale, glaçait encore le Dauphin, fort timide d'ailleurs et fort gauche de sa nature.

— Madame, dit-il en regardant l'archiduchesse, souffririez-vous? vous êtes bien pâle, et l'on dirait que vous tremblez.

— Monsieur, dit-elle, je ne vous cacherai pas que j'éprouve une agitation étrange ; il faut qu'il y ait quelque violent orage au ciel : l'orage a une influence terrible sur moi.

— Ah ! vous croyez que nous sommes menacés d'un ouragan? dit le Dauphin.

— Oh ! j'en suis sûre, j'en suis sûre ; tout mon corps tremble, voyez.

Et en effet tout le corps de la pauvre princesse semblait frémir sous des secousses électriques.

En ce moment, comme pour justifier ses prévisions, un coup de vent furieux, un de ces souffles puissants qui poussent la moitié des mers sur l'autre, et qui rasent les montagnes, pareil au premier cri de la tempête qui s'avançait, emplit le château de tumulte, d'angoisses et de craquements intenses.

Les feuilles arrachées aux branches, les branches arrachées aux arbres, les statues arrachées à leurs bases, une longue et immense clameur des cent mille spectateurs répandus dans les jardins, un mugissement lugubre et infini courant dans les galeries et dans les corridors du château, composèrent en ce moment la plus sauvage et la plus lugubre harmonie qui ait jamais vibré aux oreilles humaines.

Puis un cliquetis sinistre succéda au mugissement; c'étaient les vitres qui, brisées en mille pièces, tombaient sur les marbres des escaliers et des corniches, en lançant cette note saccadée et nerveuse qui grince en s'envolant dans l'espace.

Le vent avait du même coup arraché du pène une des persiennes mal fermées qui avait été battre contre la muraille, comme l'aile gigantesque d'un oiseau de nuit.

Partout où les fenêtres étaient ouvertes dans le château les lumières s'éteignirent, anéanties par ce coup de vent.

Le Dauphin s'approcha de la fenêtre,

sans doute pour refermer la persienne, mais la Dauphine l'arrêta.

— Oh! monsieur, monsieur, par grâce, dit-elle, n'ouvrez pas cette fenêtre, nos bougies s'éteindraient et je mourrais de peur.

Le Dauphin s'arrêta.

On voyait, à travers le rideau qu'il venait de tirer, les cîmes sombres des arbres du parc agitées et tordues, comme si le bras de quelque géant invisible eût secoué leurs tiges au milieu des ténèbres.

Toutes les illuminations s'éteignirent.

Alors on put voir au ciel des légions de

grosses nuées noires qui roulaient en tourbillonnant, ainsi que des escadrons lancés à la charge.

Le Dauphin resta pâle et debout, une main appuyée à l'espagnolette de la fenêtre. La Dauphine tomba sur une chaise en poussant un soupir.

— Vous avez bien peur, madame? demanda le Dauphin.

— Oh! oui; cependant votre présence me rassure. Oh! quelle tempête! quelle tempête, monsieur! Toutes les illuminations se sont éteintes.

— Oui, dit Louis, le vent souffle sud-

sud-ouest, et c'est celui qui annonce les ouragans les plus acharnés. S'il continue, je ne sais comment on fera pour tirer le feu d'artifice.

— Oh! monsieur, pour qui le tirerait-on? personne ne restera dans les jardins par un pareil temps.

—Ah! madame, vous ne connaissez pas les Français, il leur faut leur feu d'artifice; celui-là sera superbe; le plan m'en a été communiqué par l'ingénieur. Eh! tenez, voyez que je ne me trompais pas, voici les premières fusées.

En effet, brillantes comme de longs serpents de flammes, les fusées d'annonce s'élancèrent vers le ciel; mais en même temps, comme si l'orage eût pris ces jets brûlants pour un défi, un seul éclair, mais qui sembla fendre le ciel, serpenta entre les pièces d'artifice et mêla son feu bleuâtre au feu rouge des fusées.

— En vérité, dit l'archiduchesse, c'est une impiété à l'homme que de lutter ainsi avec Dieu.

Ces fusées d'annonce n'avaient précédé l'embrasement général du feu d'artifice que de quelques secondes; l'ingénieur sentait qu'il lui fallait se presser, et il mit le feu aux premières pièces que salua une immense clameur de joie.

Mais, comme s'il y eût eu en effet lutte entre la terre et le ciel; comme si, ainsi que l'avait dit l'archiduchesse, l'homme eût commis une impiété envers son Dieu, l'orage, irrité, couvrit de sa clameur immense la clameur populaire, et toutes les cataractes du ciel s'ouvrant à la fois, des torrents de pluie se précipitèrent du haut des nues.

Le vent avait éteint les illuminations, la pluie éteignit le feu d'artifice.

— Ah! quel malheur! dit le Dauphin, voilà le feu d'artifice manqué!

— Eh! monsieur, répliqua tristement

Marie-Antoinette, tout ne manque-t-il pas depuis mon arrivée en France?

— Comment cela? madame.

— Avez-vous vu Versailles?

— Sans doute, madame, Versailles ne vous plaît-il point!

— Oh! si fait, Versailles me plairait s'il était aujourd'hui tel que l'a laissé votre illustre aïeul Louis XIV. Mais dans quel état avons-nous trouvé Versailles, dites? Partout le deuil, la ruine. Oh! oui, oui, la tempête s'accorde bien avec la fête qu'on me fait. N'est-il pas convenable qu'il y ait un ouragan pour cacher à notre peuple les misères de notre palais? la nuit ne sera-t-elle pas favorable et bien-venue qui cachera ces allées pleines d'herbes, ces groupes de tritons vaseux, ces bassins sans eau et ces statues mutilées? Oh! oui, oui; souffle, vent du sud; mugis, tempête; amoncelez-vous, épais nuages; cachez bien à tous les yeux l'étrange réception que fait la France à une fille des Césars, le jour où elle met sa main dans la main de son roi futur.

Le Dauphin, visiblement embarrassé, car il ne savait que répondre à ces reproches et surtout à cette mélancolie exaltée, si loin de son caractère, le Dauphin poussa à son tour un long soupir.

— Je vous afflige, dit Marie-Antoinette; cependant ne croyez pas que ce soit mon orgueil qui parle, oh ! non ! non ! il n'en est rien ; que ne m'a-t-on montré seulement ce Trianon si riant, si ombreux, si fleuri, dont hélas! l'orage effeuille sans pitié les bosquets et trouble les eaux; je me fusse contentée de ce nid charmant; mais les ruines m'effraient, elles répugnent à ma jeunesse, et pourtant que de ruines va faire encore cet affreux ouragan.

Une nouvelle bourrasque, plus terrible encore que la première, ébranla le palais. La princesse se leva épouvantée.

— Oh ! mon Dieu ! dites-moi qu'il n'y a

pas de danger! Dites-le-moi, y en eût-il...
Je meurs d'effroi!

— Il n'y a point, madame. Versailles, bâti en terrasse, ne peut attirer la foudre. Si elle tombait, ce serait probablement sur la chapelle qui a un toit aigu ou sur le petit château qui offre des aspérités. Vous savez que les pointes sollicitent le fluide électrique, et que les corps plats, au contraire, les repoussent.

—Non! s'écria Marie-Antoinette, je ne sais pas, je ne sais pas.

Louis prit la main de l'archiduchesse, main palpitante et glacée.

En ce moment, un éclair blafard inonda la chambre de ses lueurs livides et violacées. Marie-Antoinette poussa un cri et repoussa le Dauphin.

— Mais madame, demanda-t-il, qu'y-a-t-il donc?

— Oh! dit-elle, vous m'avez apparu à la lueur de cet éclair pâle, défait, sanglant. J'ai cru voir un fantôme.

— C'est la réflexion du feu de soufre, dit le prince, et je puis vous expliquer...

Un effroyable coup de tonnerre, dont les échos se prolongèrent en gémissant jusqu'à ce que, arrivés au point culminant, ils commençassent à se perdre dans le lointain, un effroyable coup de tonnerre coupa court à l'explication scientifique que le jeune homme allait donner flegmatiquement à sa royale épouse.

—Allons, madame, dit-il après un moment de silence, du courage, je vous prie ; laissons ces craintes au vulgaire : l'agitation physique est une des conditions de la nature. Il ne faut pas plus s'en étonner que du calme ; seulement le calme et l'agitation se succèdent ; le calme est troublé par l'agitation, l'agitation est refroidie par le calme. Après tout, madame, ce n'est qu'un orage, et un orage est un des phénomènes les plus naturels et les plus fréquents de la création. Je ne sais donc pas pourquoi on s'en épouvanterait.

— Oh ! isolé, peut-être ne m'épouvanterait-il pas ainsi; mais cet orage, le jour même de nos noces, ne vous semble-t-il pas un effroyable présage joint à ceux qui me poursuivent depuis mon entrée en France ?

— Que dites-vous, madame? s'écria le Dauphin, ému, malgré lui, d'une terreur superstitieuse ; des présages, dites-vous ?

— Oui, oui, affreux, sanglants !

— Et ces présages, dites-les, madame;

on m'accorde, en général, un esprit sage et froid ; peut-être ces présages qui vous épouvantent, aurai-je le bonheur de les combattre et de les terrasser.

— Monsieur, la première nuit que je passai en France, c'était à Strasbourg ; on m'installa dans une grande chambre, où l'on alluma des flambeaux, car il faisait nuit; or, ces flambeaux allumés, leur lueur me montra une muraille ruisselante de sang. J'eus cependant le courage d'approcher des parois et d'examiner ces teintes rouges avec plus d'attention. Ces murs étaient tendus d'une tapisserie qui représentait le massacre des Innocents. Partout

le désespoir avec des regards désolés, le
meurtre avec des yeux flamboyants, partout
l'éclair de la hache ou de l'épée, partout
des larmes, des cris de mère, des soupirs
d'agonie semblaient s'élancer pêle-mêle
de cette muraille prophétique, qui.
à force de la regarder, me semblait vivante.
Oh ! glacée de terreur, je ne pus dormir...
Et. dites, dites, voyons, n'était-ce pas un
triste présage ?

—Pour une femme de l'antiquité peut-être,
madame, mais non pour une princesse
de notre siècle.

— Monsieur, ce siècle est gros de malheurs,
ma mère me l'a dit, comme ce ciel

qui s'enflamme au-dessus de nos têtes est gros de soufre, de feux et de désolation. Oh! voilà pourquoi j'ai si peur, voilà pourquoi tout présage me semble un avertissement.

—Madame, aucun danger ne peut menacer le trône où nous montons ; nous vivons, nous autres rois, dans une région au-dessus des orages. La foudre est à nos pieds, et quand elle tombe sur la terre, c'est nous qui la lançons.

— Hélas ! hélas ! ce n'est point ce qui m'a été prédit, monsieur.

— Et que vous a-t-on prédit ?

— Quelque chose d'affreux, d'épouvantable.

— On vous a prédit ?

— Ou plutôt on m'a fait voir.

— Voir ?

— Oui, j'ai vu, vu, vous dis-je, et cette image est restée dans mon esprit, restée si profondément, qu'il n'y a pas de jours où je ne frissonne en y songeant; pas de nuits où je ne la revoie en rêve.

— Et ne pouvez-vous nous dire ce que vous avez vu? a-t-on exigé de vous le silence?

— Rien, on n'a rien exigé.

— Alors, dites, madame.

— Écoutez, c'est impossible à décrire, c'était une machine, élevée au dessus de la terre comme un échafaud, mais à cet échafaud s'adaptaient comme les deux montants d'une échelle, et entre ces deux montants glissaient un couteau, un couperet, une hache. Je voyais cela, et, chose étrange, je voyais aussi ma tête au-dessous du couteau. Le couteau glissa entre les deux montants, et sépara de mon corps ma tête, qui tomba et roula à terre. Voilà ce que j'ai vu, monsieur, voilà ce que j'ai vu.

— Pure hallucination, madame, dit le Dauphin, je connais à peu près tous les instruments à l'aide desquels on donne la mort, et celui-là n'existe point, rassurez-vous donc.

— Hélas! dit Marie-Antoinette, hélas! je ne puis chasser cette odieuse pensée. J'y fais ce que je puis cependant.

— Vous y parviendrez, madame dit le Dauphin, en se rapprochant de sa femme il y a près de vous, à partir de ce moment, un ami affectueux, un protecteur assidu.

— Hélas! répéta Marie-Antoinette en fermant les yeux et en se laissant retomber sur son fauteuil.

Le Dauphin se rapprocha encore de la princesse. et elle put sentir le souffle de son mari effleurer sa joue.

En ce moment, la porte par laquelle

était entré le Dauphin s'entr'ouvrit doucement, et un regard curieux, avide, le regard du roi Louis XV, perça la pénombre de cette vaste chambre, que deux bougies demeurées seules éclairaient à peine en coulant à flots sur le chandelier de vermeil.

Le vieux roi ouvrait la bouche pour formuler sans doute à voix basse un encouragement à son petit-fils, lorsqu'un fracas qu'on ne saurait exprimer retentit dans le palais, accompagné cette fois de l'éclair qui avait toujours précédé les autres détonations; en même temps une colonne de flamme blanche, diaprée de vert, se précipita devant la fenêtre, faisant éclater toutes les vitres et écrasant une statue situuée sous le balcon; puis, après un déchirement épouvantable, elle remonta au ciel et s'évanouit comme un météore.

Les deux bougies s'éteignirent enveloppées par la bouffée de vent qui s'engouffra dans la chambre. Le Dauphin, épouvanté, chancelant, ébloui, recula jusqu'à la muraille contre laquelle il demeura adossé.

La Dauphine, à demi évanouie, alla tomber sur les marches de son prie-Dieu et y demeura ensevelie dans la plus mortelle torpeur.

Louis XV, tremblant, crut que la terre allait s'abîmer sous lui et regagna, suiv de Lebel, ses appartements déserts.

Pendant ce temps, au loin s'enfuyait comme une volée d'oiseaux effarés, le peuple de Versailles et de Paris, éparpillé par les jardins, par les routes et par les bois, poursuivi dans toutes les directions par une grêle épaisse, qui déchiquetait les fleurs dans le jardin, les feuillages dans la forêt, les seigles et les blés dans les champs. Les ardoises et les fines sculptures sur les bâtiments, ajoutaient le dégât à la désolation.

La Dauphine, le front dans ses mains, priait avec des sanglots.

Le Dauphin regardait d'un air morne et insensible l'eau qui ruisselait dans la chambre par les vitres brisées et qui reflétait sur le parquet, en nappes bleuâtres.

les éclairs non interrompus pendant plusieurs heures.

Cependant tout ce chaos se débrouilla au matin ; les premiers rayons du jour, glissant sur des nuages cuivrés, découvrirent aux yeux les ravages de l'ouragan nocturne.

Versailles n'était plus reconnaissable.

La terre avait bu ce déluge d'eau ; les arbres avaient absorbé ce déluge de feu ; partout de la fange et des arbres brisés, tordus, calcinés par ce serpent aux brûlantes étreintes qu'on appelle la foudre.

Louis XV, qui n'avait pu dormir, tant sa terreur était grande, se fit habiller à l'aurore par Lebel, qui ne l'avait point quitté, et retourna par cette même galerie, où grimaçaient honteusement, aux livides lueurs du petit jour, les peintures que nous connaissons, peintures faites pour être encadrées dans les fleurs, les cristaux et les candélabres enflammés.

Louis XV, pour la troisième fois depuis la veille, poussa la porte de la chambre nuptiale, et frissonna en apercevant sur le prie-Dieu, renversée, pâle avec des yeux violacés comme ceux de la sublime Madeleine de Rubens, la future reine de France, dont le sommeil avait enfin suspendu les douleurs, et dont l'aube azurait la robe blanche avec un religieux respect.

Au fond de la chambre, sur un fauteuil adossé à la muraille, reposait, les pieds chaussés de soie, étendus dans une mare d'eau, le Dauphin de France, aussi pâle que sa jeune épouse, et comme elle ayant la sueur du cauchemar au front.

Le lit nuptial était comme le roi l'avait vu la veille.

Louis XV fronça le sourcil, une douleur qu'il n'avait point ressentie encore traversa comme un fer rouge ce front glacé par l'égoïsme, alors même que la débauche essayait de le réchauffer.

Il secoua la tête, poussa un soupir et rentra dans son appartement, plus sombre et plus effrayé peut-être à cette heure qu'il ne l'avait été dans la nuit.

FIN DU HUITIÈME VOLUME.

TABLE DES MATIÈRES.

I. La double existence. — La veille..........	1
II. La visite.............................	29
III. L'or.................................	43
IV. L'élixir de vie........................	87
V. Les renseignements....................	159
VI. L'appartement de la rue Plastrière........	197
VII. Plan de campagne.....................	217
VIII. Ce qui arriva à M. de La Vauguyon, précepteur des Enfants de France, le soir du mariage de monseigneur le Dauphin........	254
IX. La nuit des noces de M. le Dauphin.......	289

Ouvrages d'ALEXANDRE DUMAS, terminés.

LES DEUX DIANE,
10 volumes in-8.
Ce roman n'a pas paru dans les journaux.

LE CHEVALIER DE MAISON-ROUGE,
6 volumes in-8.

UNE FILLE DU RÉGENT,
4 volumes in-8.

AVENTURES DE QUATRE FEMMES,
Par Alexandre Dumas fils.
6 volumes in-8.

LE BATARD DE MAULÉON,
9 volumes in-8.

LES QUARANTE-CINQ,
Complément de la REINE MARGOT et de LA DAME DE MONSOREAU,
10 volumes in-8.

Sous Presse:

LA COMTESSE DE SALISBURY,
Tomes 3 et 4, et derniers,
Ces deux volumes ne paraîtront pas dans les journaux.

LE ROMAN D'UNE FEMME,
Par Alexandre Dumas fils.

Corbeil, imprimerie de CRÉTÉ.

www.ingramcontent.com/pod-product-compliance
Lightning Source LLC
Chambersburg PA
CBHW060512170426
43199CB00011B/1423